MONOGRAPHIE PAROISSIALE

# Saint-Maurice-la-Fougereuse

ET

# SON PRIEURÉ MILLÉNAIRE

PAR

L'Abbé G. MICHAUD

PARTHENAY
IMPRIMERIE A. CANTE
—
1900

MONOGRAPHIE PAROISSIALE

# Saint-Maurice-

# la-Fougereuse

ET

# SON PRIEURÉ MILLÉNAIRE

PAR

**L'Abbé G. MICHAUD**

PARTHENAY

IMPRIMERIE A. CANTE

—

1900

## DU MÊME AUTEUR

---

1. *Notice sur Saint-Hilaire*, évêque de Poitiers, in-12 de 24 pages avec gravure, Poitiers, OUDIN, 1892.

2. *Le Moustier de Saint-Rufin*, in-8° de 180 pages, Parthenay, CANTE, 1896.

3. *Vautebis-Reffannes*, pages d'histoire de Gâtine, in-8° de 126 pages, Parthenay, CANTE, 1898.

4. *Saint-Rufin*, apôtre du Bas-Poitou, piqûre in-8° de 10 pages, tirage à part de la *Revue d'Archéologie Poitevine*, Saint-Maixent, PAYET, 1899; autre tirage, avec trois gravures, du *Pays Poitevin*. Ligugé, 1900.

# AVANT-PROPOS

On a dit avec raison que les paroisses sont pour l'historien d'une province la même chose que les individus pour le naturaliste. Raconter la vie d'une modeste localité n'est donc pas faire œuvre superflue. Parfois, c'est donner une survivance méritée à des institutions qui ne furent pas sans grandeur.

Telle est la pensée qui nous a dicté ce nouveau travail, conçu sur le même plan que ses aînés. Après avoir décrit à grands traits la physionomie de Saint-Maurice, sa participation à l'histoire régionale, ses administrations et la succession de la propriété sur son territoire, nous offrons au public qui s'intéresse à la vie religieuse, l'histoire du plus important des quatre prieurés de moniales qui vécurent dans l'ancien diocèse de Poitiers, selon la règle de Raoul de la Fustaye, compagnon du B. Robert d'Arbrissel.

G. M.

# LIVRE I

# La Fougereuse à travers les Siècles

# CHAPITRE I

## SAINT-MAURICE-LA-FOUGEREUSE

C'est à la situation relativement élevée de son premier bourg que cette commune doit son nom de Fougereuse, Foulgereuse, Fulgerosa, étymologiquement terre qui attire la foudre ; Sainte Barbe (Barbara) que l'église invoque tout spécialement dans les conjurations d'orage avait sa chapelle dans l'antique localité. L'appellation de Saint-Maurice ne lui fut donnée qu'au XII$^{e}$ siècle, lors du transfert du chef-lieu paroissial de la Fougereuse au Plessis Cofred, à la condition stipulée par Guillaume Gilbert, évêque de Poitiers, que la nouvelle église serait placée sous le vocable de Saint Maurice et de ses compagnons, martyrs. C'est donc une pure fantaisie de désigner en latin cette paroisse par le mot *Filicaria*, la fougère n'ayant rien à voir en l'occurrence.

Le territoire de cette importante commune du canton d'Argenton-Château s'étend au Nord du département des Deux-Sèvres dont il forme sur ce point la limite extrême et pénètre comme un coin dans le Maine-et-Loire qui l'enserre de trois côtés ; le plan cadastral, dressé en 1813, lui compte 3.585 hectares de superficie.

Le procès-verbal de délimitation, de janvier 1813, indique comme limitrophes de Saint-Maurice, au *Nord* les communes de Saint-Paul-du-Bois, de Saint-Hilaire-du-Bois et de Cléré ; à l'*Est*, Cléré et Genneton ; au *Sud*, le Breuil,Boësse et Etusson; à l'*Ouest*, Somloire. Quelques changements dans les circonscriptions,survenus depuis cette époque, font aujourd'hui limiter Saint-Maurice au *Nord* par les Cerqueux-sous-Passavant. Les démarcations, par ailleurs conventionnelles, sont déterminées au Nord par le *Layon*. Descendant du coteau de Saint-Paul-du-Bois, au Sud-Ouest de Vihiers, d'une altitude de 208 mètres, la branche principale de ce cours d'eau sépare un moment le

Maine-et-Loire et les Deux-Sèvres ; à l'Est, une autre branche beaucoup moins considérable part de la Fougereuse et sur une partie de son parcours marque les confins de Saint-Maurice ; au Sud et au Sud-Ouest *L'Ouère*, qui sort de l'étang de *Daillon*, longe le territoire de cette commune à partir de l'ancien moulin de Tan, aux pieds de la-Coupe-Cholière. Cette petite rivière, tributaire de l'*Argenton*, faisait autrefois mouvoir le moulin à eau de la Faucherie et recevait, à la chute de l'écluse, un ruisselet qui descend des bois d'Anjou ; après le Gué Valleau que franchissait le chemin de Saint-Maurice à Etusson, *L'Ouère* formait l'étang de Buzet et mettait en mouvement le moulin de ce nom, au bas de Civic. L'été, le lit de ce ruisseau est à sec à l'exception de quelques *gourres* profondes. Les coteaux qui l'encaissent sont maigres et arides, ils descendent en général en pente très rapide vers la ravine et n'ont rien de bien pittoresque si ce n'est auprès du Gué Valleau, lorsqu'on y arrive par la venelle du Loup.

Le sol de Saint-Maurice appartient presque tout entier aux terrains de transition ou métamorphiques, et comme le comporte la nature de ses roches, il est assez accidenté et boisé. Partant du pied des collines angevines de Saint-Paul, il se relève à la butte de l'Ulmeau (ulmus, orme) pour atteindre près de la Fougereuse, *aux Moulins*, l'altitude de 150 mètres avant de s'abaisser graduellement dans la direction du Sud et de l'Ouest. Les étangs de la Faucherie, de Buzet, de la Légerie, de la Barbe sont aujourd'hui défaits ; il reste encore l'étang de Chévrier, de la Verdrie et celui de Beaurepaire anciennement appelé l'étang de Viau. La branche du Layon qui le traverse forme la séparation des communes ; c'est la seule pièce d'eau vraiment remarquable de la contrée.

Les bois dits d'*Anjou* couvrent une assez grande étendue de Saint-Maurice, 550 hectares ; de nombreux boqueteaux piquaient autrefois çà et là le paysage de leur sombre verdure ; les ondulations boisées portaient le nom commun de bosse : la bosse Allais, la bosse au Trésor, la bosse de Pisseloup, la bosse du Gué, la bosse du Prêtre, etc. On rencontre assez fréquemment aussi la dénomination de Halleray ?

Les céréales constituent la principale ressource du pays ; quelques vignobles ont été formés ici ou là, le résultat est demeuré médiocre. Le débouché principal du commerce de Saint-Maurice est de temps immémorial la petite ville de Vihiers dont les marchés du mercredi étaient déjà très fréquentés avant la Révolution.

La population est groupée surtout dans les deux bourgs de la Fougereuse et de Saint-Maurice, distant l'un de l'autre de 1.500 mètres environ. La Fougereuse est traversée par l'ancienne route stratégique n° 9, aujourd'hui route départementale ; c'était un lieu de transit important avant l'établissement des voies ferrées dans la contrée. Saint-Maurice abrite son église et quelques maisons à mi-côte du versant de l'Ouère. Parmi les villages disparus, citons La Chassée, la Pierre Blanche, le Rossignol, les Arcis près de la Brousse, Chévrier, Le Bâtiment, les Corbineaux de Lairaudière, les Corbineaux de la Grossinière, la Gaignerie du Château, la Baguenauderie.

Voici la liste des agglomérations et des fermes qui composent la commune de Saint-Maurice-la-Fougereuse : le Bois Potet, le Moizeau, Les Moulins, les Bas-Jardins, le Beurre de Chat, les Arcis, le Puy-Guitton, La Légerie, le Bois-Sabot, Gué-Valleau, les Faucheries, la Coupe-Chollière, la Gaudrière, la Maisonneuve, le Ruau des Forges, la Pellerie, la Jaminière, le Plomb ou Plan, le Bois le Moine, La Blinière, Varansais ou Petite Semoncellerie, La Redraize, Retors, Les Ginfardières, Langevinière, La Genais, Les Raudières, La Grossinière, La Barrière, La Grippière, La Verdrie, Le Bois-Narpin ou Noirpin, Le Pain-Perdu, Les Gaucheries, Le Plessis, Les Baranderies, Grâce, La Rivière Juliot, La Rivardière ou Reverdière, Grand-Champ, Saint-Antoine, Les Greniers, Le Vieux-Leu, les Brandes, Les Communs, Villeneuve, les Ajoncs, Les Douets, le Moulin de la Haye, La Touche, Les Eponneries ou mieux L'Espronnerie, L'Etang ou la Donnatière, la Brousse, Les Cigognes, la Garnière, le Coudray, le Quarteron, le Plessis-Randeau, la Gannerie.

Saint-Maurice-la-Fougereuse appartint à la province d'Anjou jusqu'au mois de juillet 1791. Les mœurs et le langage de la population, les habitudes, la coiffure élégante et modeste des femmes (*le bonnet aux ailes de pigeon*), les relations commerciales rappellent les attaches angevines brisées par la Révolution. Le décret du 3 janvier 1790 qui bouleversait l'antique division territoriale de la France avait laissé Saint-Maurice au département nouveau du Maine-et-Loire, en l'attribuant au district de Vihiers ; en juillet 1791, la commune passe au département des Deux-Sèvres et est rattachée au district de Thouars ; en 1805, le siège du district ou arrondissement fut transféré à Bressuire.

Depuis cette époque, c'est de cet arrondissement et du canton d'Argenton que dépend Saint-Maurice-la-Fougereuse.

Sous le rapport judiciaire, cette commune ressort de la justice de paix d'Argenton, du tribunal de première instance de Bressuire et de la Cour d'appel de Poitiers.

Dans la hiérarchie religieuse, la paroisse fait partie, depuis le Concordat de 1801, du doyenné créé à cette époque à Argenton, de l'archiprêtré et archidiaconé de Thouars, au diocèse de Poitiers. L'église, sans style, a été rebâtie en 1848, le chœur de l'édifice est le seul reste des contructions du XII^e siècle. La large fenêtre du chevet indique la transition du roman à l'ogive. Saint-Maurice possède à son chef-lieu les écoles des garçons et des filles ; une école mixte a été créée en ces derniers temps près du village de la Grippière.

Cette paroisse eut une réelle importance dans le passé, grâce à son prieuré de Moniales Bénédictines et grâce aussi à ses trois châtellenies de la Haye, du Merle et du Fief-l'Evêque. De l'antique monastère et des vieux manoirs, la tourmente révolutionnaire n'a laissé subsister que des ruines que nous avons voulu interroger. Ces ruines, en effet, ont une voix qu'il nous a paru intéressant d'entendre. Ce qu'elles nous ont dit, nous l'avons noté dans ce livre, avec l'espoir de faire revivre le passé d'une localité qui désormais nous est chère. Si « tout homme a deux pays, le sien et puis la France », le prêtre, après avoir décrit avec amour la terre natale (1), paie aujourd'hui sa dette envers la paroisse dont il a la charge ; c'est avec joie qu'il offre aux habitants de Saint-Maurice-la-Fougereuse l'histoire de la petite Patrie, de la terre ancestrale, en leur demandant de garder ce volume comme on conserve les souvenirs de famille, les traditions des aïeux. Nous sommes heureux de témoigner ici notre gratitude à tous ceux qui nous ont facilité la documentation de ces humbles feuillets ; nous sommes particulièrement redevable à Dom G. Beauchet-Filleau, bénédictin du prieuré de Sainte-Marie, à M. Parfouru, archiviste départemental d'Ille-et-Vilaine, et à M. A. Chouc, instituteur à Saint-Maurice, qui dans nos longues recherches nous ont donné le plus large et le plus obligeant concours.

(1). *Le Moustier de Saint-Rufin*, Cante, Parthenay, 1896.

## CHAPITRE II

# LA FOUGEREUSE

## De l'époque celtique à la Réforme

### I. — Souvenirs Gaulois

L'Anjou fut occupé primitivement par la peuplade gauloise des Andes ou Andegaves qui lui a donné son nom. Cette tribu Celte avait pour voisins dans la contrée où nous sommes le groupe puissant des Pictons (poitevins) et un petit peuple d'humeur guerrière qui devait porter plus tard le nom glorieux de Vendéen.

Quelques souvenirs de ces tribus nous ont été conservés par *les lieux-dits* et par les superstitions toujours vivantes qui proviennent des anciennes croyances druidiques.

De l'aveu des antiquaires, les dénominations de la Motte, les Mottes sont les indices de sépultures gauloises ; nous retrouvons ces appellations sur le territoire de Saint-Maurice, plan cadastral, section A, 155 et 148 et section G, 40 et 41. Sur la route départementale entre Saint-Maurice et Vihiers s'élève la célèbre Motte aux fées.

Si nous ne rencontrons pas de monument mégalithique comme à Massais et Moutiers, communes voisines, nous pouvons sans invraisemblance en voir un souvenir dans la Pierre Petouze, près du bourg de Saint-Maurice. La Gannerie d'après l'étymologie donnée par *du Cange* rappelle un lieu d'orgies et de débauches, *Ganea loca occulta subterranea et meretricia.* La position de ce village sis en bas de la butte de l'Ulmeau et autrefois environné de bois justifierait cette étymologie. Sur la commune de Genneton et proche le territoire de Saint-Maurice est le lieu-dit le bordage *de la Folie*, autrement *Britois.* Or les lieux-dits *La Folie*, désignent un bon nombre de Menhirs ou plutôt l'emplacement qu'ils occupaient. Les conciles de Nantes, d'Angers, de Tours, 567 et 658, ont toujours employé l'expression de *Folie* pour qualifier les pratiques superstitieuses et les orgies qui avaient lieu autour des pierres, des arbres, des fontaines, *item de arboribus, vel petris, vel fontibus, ubi aliquid stulti... stultorum turba conveniebat* (1).

Personne n'ignore la vénération des Gaulois pour les Fontaines. C'est un usage de temps immémorial pour les paroisses voisines de Cléré, lorsqu'une sécheresse prolongée menace de perdre les biens de la terre, de venir processionnellement à la à la Fontaine de Saint-Francaire, près des Confins de Saint-Maurice. On plonge le bâton de la croix dans la fontaine si l'on veut sûrement obtenir de la pluie.

Il y a là, dit Dom Martin, un reste de croyances Druidiques (2). Les Druidesses plongeant leur rameau de chêne dans la mer la soulevaient ou la calmaient à leur gré. Cette même vénération pour les fontaines faisait jeter de grandes quantités de métal précieux dans leurs ondes (3). On dit encore aujourd'hui et le plus sérieusement du monde que les réservoirs près *de la cheminée du diable* recèlent des boules d'or.

De très nombreuses haches en pierre, des racloirs et des casse-tête ont été recueillis çà et là sur le territoire de la Fougereuse. Nous en possédons nous-même une douzaine de différente grandeur. Ces pierres sont souvent désignées par les habitants du pays sous la dénomination *de Pierre à la tonnerre.*

Parmi les lieux-dits qui peuvent avoir quelque rapport avec l'époque celtique, signalons aux érudits l'appellation étrange, *le Henelor*, donnée au numéro 72, section C, du plan cadastral. Ce terrain se trouve aux environs du *Vieux Leu*, déjà au XIIe siècle *Vetus Fogerosa*, la Vieille Fougereuse.

## II. — Souvenirs de l'occupation Romaine

Les Andes ou Angevins se levèrent comme leurs frères de la Gaule pour sauvegarder leur indépendance contre l'envahisseur Romain. Après quelques années de luttes héroïques, il fallut se soumettre. L'an 52 avant Jésus-Christ, Dumnacus, chef des Andes fut vaincu par C. Fabius, lieutenant de Jules César.

Le pays fut occupé militairement par les légions du conquérant. Près de Voultegon, sur la commune des Aubiers, les

(1). *L'Anjou aux âges de la Pierre et du Bronze*, L. Bousrez. — (2). *La Religion des Gaulois*, livre 4, chap. 13, p. 57. — (3). *Le Génie Gaulois*, B[on] de Belloguet.

traditions populaires ont gardé le souvenir d'un camp établi par Jules-César, au lieu dit La Rivière Juliot ; la même dénomination se retrouve à Saint-Maurice. Aux deux extrémités de la même commune ce sont les Arcis (arces, lieu fortifié) qui rappellent sans contredit la conquête Romaine (1). A cette même époque se rattachent dans la contrée *Le Châtellier*, ancien nom du village de Saint-Nicolas de Genneton, Le *Château de Féole*, sur la route de Somloire, Le *Château-Gaillard* à Boësse, à Bouillé-Saint-Paul, à Châtillon-sur-Sèvre, etc., *Les Tiffaux* à Genneton, du nom des garnisaires établis dans ce poste, les Teifales d'origine Scythe.

Pour maintenir sous son joug les populations mal soumises de la Gaule, Rome utilisa les grands chemins existants ou créa ces larges voies qu'on peut suivre encore sur une partie de leur parcours. L'une de ces voies venant de Doué-la-Fontaine, localité très importante alors, résidence des rois Wisigoths, des rois Francs et de ceux d'Aquitaine, passait sur le territoire de Saint-Maurice se dirigeant vers Voultegon. Elle bordait l'ancien village de *La Chassée*, près des Eponneries (2) ; elle figure en partie sur la carte de Cassini. Les parents de Saint Hilaire possédaient, à la fin du IIIe siècle, une villa au Bas-Mureau de Cléré, à proximité de cette voie. Les Wisigoths, appelés d'abord au secours de l'Empire par Honorius, s'emparent à leur compte de toute la contrée. Ils en furent à leur tour chassés par les Francs en 507.

### III. — Souvenirs de la Conquête Franque

Si les Romains s'étaient fixés partout où les Gaulois avaient coutume de se réunir, les Francs s'établirent dans leurs anciens campements et se hâtèrent de s'y fortifier contre un soulèvement probable des habitants de la région conquise.

Les souvenirs de ces premières installations des Francs sont nombreux, même à Saint-Maurice. Près de la Rivière Juliot, c'est le Plessis qui se divisa plus tard en Plessis Faugère, Plessis Mahon et Plessis Cofred ; au Nord de la commune, près d'une très ancienne voie de communication, c'est le Plessis-Randeau, tous ces établissements situés dans un lieu bien facile à défendre. Nous donnerons de plus amples détails sur ces origines en parlant des villages de Saint-Maurice ; le nom de Plessis est d'ailleurs très fréquent dans les communes voisines.

(1). Plan cadastral, section B, 117, 140, 144, 145, 146 et section D, 328. —
(2). Plan cadastral, section B, 151, 180.

Notons aussi la dénomination de Cour ou Courte au Merle (section C, 23 et 27) ; le terme de Curtis est également d'origine Franque. Ce *lieu-dit* fut le siège de la très ancienne châtellenie du Merle-Fougereuse.

Une partie de la commune était aussi comprise dans le *Fief Franc*, plus tard le Fief l'Evêque, qui s'étendait sur un vaste territoire. Ce fief constitué en châtellenie avait un de ses sièges à la Fougereuse.

## IV. — Souvenirs du Moyen-Age

En 820, la Fougereuse a pour capitaine et seigneur Guido de Fulgerosa, Guy de la Fougereuse. Epris du désir de visiter les Saints-Lieux, ce seigneur, avant d'aller à Jérusalem, fonde le prieuré de Sainte-Marie-Madeleine et place sa fille Avoie (Avia) à la tête du nouveau monastère. Il lui abandonne tous ses droits sur la Fougereuse, droits qu'il tient de Thierry, comte d'Angers.

La famille de la Haye (Haia) qui possède la Fougereuse au Xe siècle, compte un de ses membres dans les rangs de l'armée normande à la conquète de l'Angleterre. Il prend part à la décisive bataille d'Hastings, en 1066, dans le deuxième corps composé d'hommes du Poitou, de Bretagne et d'Anjou, sous le commandement d'Aimery IV de Thouars (1).

Maurice de la Haye figure parmi les principaux seigneurs du pays dans les guerres du XIIIe siècle.

Fidèle à la cause du Roi de France, Briand de la Haye bataille vaillamment contre l'Anglais. Sa terre de la Fougereuse est saisie par le prince de Galles et donnée pour un temps au sire de Parthenay. Le 9 juillet 1369, le Roi Charles V le dédommage de la perte de ses biens de Feugereusia (2).

On pouvait encore voir, il y a quelques années, dans le champ contigu aux bâtiments de la Brousse, un chêne énorme, connu sous le nom de *Chêne aux Anglais*. Le 23 août 1373, la reddition de la place de Mortagne mit fin à la domination anglaise dans la contrée. Les longues guerres avec les Anglais avaient profondément troublé le pays. Toute la contrée environnant Argenton était, en 1384 et 1385, désolée par des bandes de brigands, parmi lesquels se trouvaient plusieurs anciens soldats licenciés (3). Ils occupaient de vive force les châteaux, s'y

(1). *Dict. des Familles du Poitou*, T. II, Beauchet-Filleau. — (2). *Arch. Hist. du Poitou*, XVII, 371. — (3). Fierville, *Documents inédits sur Philippe de Commines en Poitou.*

établissaient et de là pillaient et rançonnaient les régions voisines. Parfois ils les brûlaient pour aller porter plus loin leurs ravages. Ces bandes Anglo-Gasconnes que Bertrand Duguesclin n'avait pu entièrement chasser du Poitou, semaient la terreur et l'incendie sur leur passage. La noblesse du Thouarsais dut tenir tête à ces pillards « ribauds d'autruy pays » ; elle finit par les écraser après de longues luttes, et la tranquillité fut rétablie.

On peut voir un souvenir des batailles fréquentes au Moyen-Age dans la dénomination : Champ des petits Guerriers, 60 section G ; la sentinelle 170, B.

On a trouvé, à la Rivière Juliot, un sceau en plomb bien conservé d'Innocent IV, pape de 1243 à 1254. Sur une de ses faces sont représentées les effigies de Saint Pierre et de Saint Paul séparées par les clés symboliques et surmontées des lettres SPA, SPE ; l'autre face porte en caractères romains : INNOCENTIUS PP IIII. Un autre sceau, également en plomb et de même provenance, semble avoir appartenu à quelque commerçant de Montpellier. On y lit en exergue le mot *Monspessulanum* à moitié effacé.

Des édifices construits au Moyen-Age sur le territoire de Saint-Maurice, il reste la Cheminée du Diable, une absidiole de l'Eglise Sainte-Marie-Madeleine qui date de 820, une partie du chœur de l'église paroissiale de 1119 et quelques constructions sans intérêt au château de la Haye-Fougereuse.

## CHAPITRE III

## LA FOUGEREUSE ET LES PROTESTANTS

C'est en 1534 que la Réforme, apportée par Calvin dans le Poitou, commença à s'implanter dans les environs de Thouars (1). A la nouvelle du prétendu massacre de Vassy en 1562, les partisans de la Réforme pillent et incendient les églises du Thouarsais ; ils brûlent dans la ville de Thouars les maisons des chanoines, les objets du culte, les reliques, et pendant quinze mois la terreur règne dans cette ville.

Les désordres se renouvelèrent dans les environs d'Argenton-Château ; une grande partie de la noblesse du pays, ayant embrassé le protestantisme. René de Sanzay écrivait d'Argenton à la Reine, le 4 février 1563 : « Que dans le païs il y a plus de deux ans qu'il ne c'y faict service divin ; qu'Argenton est une petite et assez mutine ville de ce païs, que ses habitants ont tué deux prebtres et faict plusieurs autres viollances... » (2).

Le 19 septembre 1568, les troupes de Dandellot (frère de l'amiral de Coligny), après avoir traversé la Loire aux Rosiers, arrivaient à Argenton, où ils volèrent, pillèrent et rançonnèrent le seigneur Claude II de Châtillon, et lui firent mille maux (3).

Le monastère de la Fougereuse se ressentit de leur passage. Dans les antiquités Bénédictines de l'ancien diocèse de Poitiers, parte IV, folio 157, Dom Estiennot a noté leurs sinistres exploits : *Bellis Neotericorum dira passum fuit Fulgerosæ monasterium et pene dirutum* » (4). Les religieuses furent chassées de leur asile et le prieuré mis à sac ; le feu vint achever l'œuvre de destruction. La tradition locale a conservé le souvenir du massacre d'un certain nombre de religieuses par ces Réformateurs d'un nouveau genre.

(1). B. Ledain, *Thouars*. — (2). *Arch. Hist. du Poitou*, T. 27. — (3). *Journal de Généroux*. — (4). *Apud* D. Fonteneau, T. 58, folio 1187.

« Le 13 décembre 1568, on voyait arriver à Angers les pauvres gens d'église et aultres personnes, femmes et enfants qui s'enfuyaient du pays de Poitou, Montreuil-Belay, Passavant, Vihiers, Chemillé, le Puy-Notre-Dame et aultres endroits dudit païs de Poitou pour éviter les cruautés et tirrannyes que lesdits huguenots faisaient aux catholiques » (1).

« Le 18 juillet 1569, les Huguenots étaient à Doué, Chemillé et Vihiers... » Nous les retrouvons à la Fougereuse, en 1570. Plusieurs pièces en cuivre, jetons de présence ou marques de reconnaissance, portant en exergue les mots *Hans. O : Schultes*, 1570, ont été trouvées au centre même du bourg de la Fougereuse. Il y avait, on le sait, de nombreux reîtres allemands au service des chefs protestants.

L'armée Royale, commandée par le duc de Nevers, s'avança en Bas-Poitou pour combattre les Huguenots ; elle passait à Argenton au mois de novembre 1588 ; mais déjà le calme s'était rétabli dans le voisinage de cette ville, car nous voyons la prieure du monastère de la Fougereuse de nouveau à son poste en 1578, essayant de relever les ruines de *sa pauvre maison*.

Anne Tiercelin était alors à la tête du prieuré ; elle était fille de Charles Tiercelin de la Roche du Maine, chef des Ligueurs du pays, qui s'empara au mois d'octobre 1589 de la ville d'Argenton, où il mit garnison.

Une curieuse lettre de madame Charlotte de Thays, comtesse de Sanzay, adressée à Me Rouet, avocat à Thouars, vers le 1er mars 1591, nous fait connaître le malheureux état de cette région livrée à la guerre civile : « Je vous envoie ce quy court icy, ou j'atandons l'armée, qui sera ruine pour le païs, où je prenay patience cy Grenoullon obéit... car tout le reste est résolu d'obéir au Roy ou à M. le prince de Conty » (2). Le prince de Conty, lieutenant-général d'Henri IV avait repris Argenton en mars 1591. Après l'abjuration du Roi, la paix fut rétablie et le pays se releva de ses ruines.

La visite pastorale de Mgr de Menou, au 20 septembre 1739, constatait que la paroisse de Saint-Maurice de la Fougereuse n'avait pas « de religionnaires ». Les Protestants n'avaient fait que passer sur son territoire, en y semant la dévastation et la ruine ; ils n'avaient pas réussi à implanter la prétendue Réforme.

(1). *Journal de Louvet*, *Revue d'Anjou*, 1854, page 294. — (2). *Soc. Statistique des Deux-Sèvres*, 2e série, tome 19. Lettres missives du XVIe siècle.

## CHAPITRE IV

## LA FOUGEREUSE ET LES GUERRES DE VENDÉE

Le 10 mars 1793, le tocsin fit soulever à la fois 900 bourgs ou villages de la Vendée, de l'Anjou et du Thouarsais contre les sanglants excès de la Convention. Au commencement d'avril, les Républicains, sous la conduite de Gauvilliers et de Charleri, envahissent le pays, mettent au pillage et brûlent le château du Coudray-Montbaud et de la Fougereuse (1). Nous raconterons, en parlant du prieuré, les scènes de cruauté qui marquèrent l'expulsion des Bénédictines de la Fougereuse. La Vendée militaire répondit à ces barbares provocations ; un appel aux armes de Henri de la Rochejaquelein, dans la nuit du 12 au 13 avril, réunit de nombreux combattants ; Ménard, garde de la forêt d'Etusson, homme d'une rare énergie, amena au rendez-vous deux cents conscrits de son voisinage (2). Le 30 avril, l'armée vendéenne, forte de 30.000 hommes, partait de Vihiers pour aller attaquer Argenton-Château. Voici comment un simple paysan, Pierre Devaud, de Boisdon, des Cerqueux sous Maulévrier, nous décrit dans *ses Mémoires*, publiés par L. Augereau, à Nantes, chez Vincent Forest et Emile Grimaud, l'exode de cette première armée (3) : Elle passa : « à Saint Paul des bois, de SaintPaul des bois à la Fougereuse, de la Fougereuse à Saint Morisse, de la Fougereuse à Argenton-Château javont ataquet les Bleu et jont prie cette ville et prie 600 hommes

(1). *Hist. de la Vendée militaire*, Crétineau-Joly, I, 76. — (2). *Hist. de la Vendée*, par l'abbé Deniau, I, 428, et II, 10. — (3). Le manuscrit de P. Devaud, offert au comte de Chambord, est conservé à la bibliothèque du château de Frosdhorf. P. Devaud, qui partit 45 fois et se battit 58 fois, se maria à Somloire, après la guerre, et demeura jusqu'à sa mort à la métairie de Féole, où sont encore ses descendants.

prisonnié et thuez 100 homme et prie tout ses canon et leur bagages sans perte dauquin homme. »

Le 7 mai, dans un conseil de guerre tenu à Thouars, les généraux vendéens délimitèrent leurs commandements respectifs : Stofflet eut la division de Maulévrier et de Vihiers ; de Laugrenière, de Moutiers, eut la division d'Argenton.

Le 24 mai, le général républicain Salomon envahit Argenton et pénètre dans le bocage jusqu'au village de la Fougereuse, semant partout sur son passage l'effroi et la mort (1). A la nouvelle de cette invasion, de Laugrenière, ancien mousquetaire, qui a la garde du pays, rassemble précipitamment 4000 hommes et se porte à sa rencontre ; mais, abandonné presque aussitôt par ses volontaires, il fut obligé de se blottir dans les hautes herbes d'une prairie voisine avec deux cents hommes qui lui étaient restés fidèles. Salomon, qui le croyait en fuite, s'élança sur ses traces avec 1800 hommes, traversa la Fougereuse et arriva à une portée de pistolet de son embuscade. Au moment où ses hommes étaient sans défiance, Laugrenière ouvrit sur eux un feu meurtrier et tua plusieurs officiers, dont un colonel. Un régiment de hussards s'avance pour les venger et cherche à envelopper les vendéens. Laugrenière, qui s'aperçoit de la manœuvre, bat en retraite, renverse de sa main deux cavaliers qui lui barrent le passage et qui, en faisant sur lui une décharge à bout portant, venaient de lui brûler le visage avec la poudre de leur arme ; malgré le danger, Laugrenière s'échappe sans avoir perdu un seul homme.

La division Stofflet (2) accourt « des Cerqueux à Argenton, d'Argenton à la Fougereuse, de la Fougereuse à Saint Paul des bois, de Saint Paul des bois à Vihiers. Là il a fallu ce battre, les Bleu était 2 mille homme, 2 pièces de canon, nous les ont repoussé, prie ses 2 pièces de canon et plusieurs thuez et beaucoup de prisonnier, le reste a pris la fuite. » Cette bataille avait lieu le 4 juin ; la veille, le général Salomon, avec 3000 bleus, avait attaqué à l'improviste le village de la Fougereuse, où un faible rassemblement de vendéens s'était donné rendez-vous (3). D'après un mémoire du comte de Colbert, les bleus furent battus au commencement de juin à Saint-Maurice de la Fougereuse, près d'Argenton-Château ; ils perdirent beaucoup de monde et de canons.

(1). *Hist. de la Vendée*, Bournizeaux, I, 400 et Deniau, II, 104. — (2). Mémoires de P. Devaud. — (3). *Hist. de la Vendée militaire*, Crétineau-Joly-Drochon, I, 167, et V, 394.

A la fin de 1793 et en 1794, Argenton retomba au pouvoir des armées républicaines et devint le quartier-général ordinaire de Grignon, l'un des plus féroces généraux des colonnes infernales, de si odieuse mémoire. Le 20 janvier 1794, ce général se dirige d'Argenton sur Bressuire, brûlant toutes les maisons sur son passage ; à Saint-Aubin-du-Plain, il saisit 79 personnes, les conduit dans la plaine des Mille-Hérons, leur fait creuser leurs fosses et les massacre. Ayant trouvé dans le bourg un devant d'autel qu'il prend pour un drapeau blanc, il incendie toutes les maisons et passe au fil de la baïonnette les hommes et les femmes qu'il rencontre (1). Le 21 janvier, Grignon arrive sur la paroisse d'Etusson, aux villages de Longueville, du Breil, de la Charbonnière et de Lavau, s'empare de 24 vieillards, femmes et enfants, et les fait fusiller dans le champ Brillet. C'est un nommé Fardeau, du Breuil, qui guide ce massacreur de vieillards et de femmes sur la paroisse de Saint-Maurice et à la Fougereuse, dont presque toutes les maisons sont réduites en cendres ; les habitants se sont enfuis dans les bois d'Anjou et de la bosse du Gué ils aperçoivent les sinistres lueurs de l'incendie ; ils entendirent de leurs retraites les cris féroces de ces bandits et le bruit que fit le clocher du couvent en s'abimant dans les flammes. Sur l'ordre de Turreau, Carpentier ravage tout le pays situé entre Vihiers et Argenton.

Le 26 février 1794, Stofflet s'empare de nouveau d'Argenton, et en fait démolir en partie les murailles. Grignon accourt de Chanteloup le 14 mars vers Argenton et brûle tout sur son passage. Le 18, il est à Somloire, où il rencontre Ménard d'Etusson qui lui barre la route avec un détachement vendéen. Grignon fait un circuit et sur sa route arrête les femmes Augereau et Baranger. Une décharge à bout portant les étend mortes au lieu dit les Sablons, entre Saint-Maurice et Somloire ; leurs corps sont hachés en morceaux. Jacques Baranger, sacristain de Somloire, en apprenant la terrible mort de sa femme, jure de la venger par de sanglantes représailles.

Le 25 mars 1794, 1500 vieillards, femmes ou enfants, sont massacrés dans la forêt de Vezins, à la Bauche des Buissons ; 15 personnes seulement réussissent à s'échapper. A l'hôpital, aujourd'hui le cimetière des Martyrs, un plus grand nombre périt. Le total des victimes se monte à plus de 3000 personnes sans défense, égorgées, non par des soldats, mais par des

(1). *Hist. de la Vendée*, Deniau, IV, 145, 146, 306, 329 et 339.

bandits. Il est peu de familles dans la contrée qui n'aient compté quelqu'un de leurs membres dans ce massacre à jamais célèbre. On connait trop dans le pays ce lieu de deuil et de tristesse pour que nous ayons besoin de le décrire ; de nombreux pèlerins y vont chaque année implorer les innocentes victimes des fureurs des guerres civiles.

La Fougereuse devenait le point de concentration des troupes républicaines. Le 2 mai 1794, le général Dusirat y arrivait, poursuivant Stofflet, et le général Boucret le ralliait à la Fougereuse ; ils en partaient le 4 mai pour aller camper aux Aubiers. Malheur aux soldats isolés et traînards qui traversaient le pays : ils étaient massacrés à leur tour par les habitants, devenus sans pitié.

Au mois de septembre, Stofflet, que rien n'abat, fait de nouveau un rassemblement ; il passe « des Cerqueux à Somloire, de Somloire à Saint-Morisse, de Saint-Morisse à la Fougereuse, de la Fougereuse à Clairé, de Clairé à Passavant, nous ont trouvé les Bleu et nous leur ont donné une fusillade. » (1)

Traversé tour à tour par les Vendéens et les Bleus, mis au pillage par ces derniers, le pays n'offrait plus que la ruine et la désolation. C'est à Pain-Perdu, ancienne tuilerie, dépendant du Prieuré, que les habitants de Saint-Maurice vont s'alimenter. Le four de la tuilerie sert à cuire leurs pains ; mais ce lieu d'asile est bientôt connu ; un détachement de bleus, apprenant que Stofflet est parti avec sa troupe dans une autre direction, accourt de Vihiers pour surprendre Pain-Perdu ; il est surpris lui-même sur l'ancien chemin de Saint-Maurice à Vihiers, à la hauteur des Gaucheries ; il bat aussitôt en retraite, en laissant plusieurs morts qui sont enterrés sur le lieu du combat, à l'endroit où s'éleva plus tard, sur leur tombe, la croix dite croix du Chêne.

Les soi-disant patriotes de Genneton arrivent un jour à Saint-Maurice et se rendent à la Rivière Juliot, où demeure le sacristain Baranger. Ils veulent le contraindre à révéler la retraite de l'abbé Jarry et le lieu où sont cachés les objets du culte. Sur son refus, ils l'emmènent ; la femme de Baranger les supplie à genoux de ne pas faire de mal à son mari. Ils le promettent et rendus au Bois-Potet, ces canailles s'empressent de le fusiller. C'est un nommé Cousin qui dirige ce bel exploit.

Au mois de mars 1795, le moulin à eau situé sur l'étang de

(1). Mémoires de Pierre Devaud.

Beaurepaire était le seul de la contrée qui fut resté debout. Une garde vendéenne y stationnait constamment pour le défendre. Un détachement républicain réussit par surprise à y pénétrer, tue la sentinelle et les huit royalistes qui occupent le moulin, jette à l'eau le blé et la farine qui s'y trouve. A cette nouvelle, Frédéric Ménard, d'Etusson, qui commande le pays au nom des vendéens, rassemble sa division, poursuit les bleus jusqu'à Trémont et les massacre (1).

Les chefs républicains, qui étaient de vrais soldats comme Hoche, rendaient justice à ces paysans qui défendaient, avec l'énergie du désespoir, leurs autels et leurs foyers. Dans une lettre au Directoire, en mars 1796, Hoche disait : « La Vendée, ne vous y trompez pas, est une bonne terre, il y a dans ses enfants de l'honneur et du courage. La Révolution a eu tort de nier cela..... »

Une autre lettre du général Hédouville aux Consuls, à la fin de novembre 1799, abonde dans le même sens : « Je ne dois pas vous taire que jusqu'à présent on a fort mal jugé cette guerre. Ce ne sont pas les Gentilshommes qui ne veulent pas se soumettre... ils sont retenus par les paysans. On a cru longtemps dans le gouvernement que les paysans étaient conduits par les nobles, comme un troupeau de serfs ; il n'en est rien, le paysan chouan ou brigand est une race à part qui raisonne son obéissance et ne l'accepte que quand il lui plaît ; en faire des esclaves fanatiques a pu convenir à la Convention et au Directoire ; mais il ne faut pas que les Consuls donnent dans une erreur préjudiciable... Si un prince de la maison de Bourbon avait eu le courage de se jeter au milieu de ces milliers d'insurgés, qui ont bien des vertus, fanatisme à part, je ne fais pas de doute qu'aujourd'hui le sort de la République serait gravement compromis..... »

Malgré les avances de la République, les Vendéens payés pour se défier, cantonnèrent encore des troupes, à la fin de 1799, aux Aubiers, à la Fougereuse, etc... Quand vint l'heure de la pacification, la Vendée militaire était complètement ruinée. Il ne restait aux vendéens que les rares écus qu'ils avaient eu la précaution d'enfouir en terre, mais beaucoup furent tués et le petit trésor demeura inconnu. De nos jours, quelques-uns de ces dépôts ont été trouvés, à la Coupecholière, à la Touche, etc... des armes, sabres ou vieux fusils, se rencontrent parfois dans

(1). *Hist. de la Vendée*, Deniau, V, 116.

le creux des vieux chênes. Un canon, au moment du désarmement de la Vendée, fut caché dans l'église d'Argenton et dissimulé dans le support du bénitier. Il a été mis au jour dans les derniers travaux de restauration.

D'après les historiens de la Vendée militaire, il périt de part et d'autre, dans ces luttes fratricides, neuf cent mille personnes. Les Vendéens, qui ne mirent jamais en ligne plus de 70 à 75.000 hommes, dispersèrent près de 300.000 hommes de troupes réglées et de 6 à 700.000 réquisitionnaires ou gardes nationaux. Ils s'emparèrent de 500 pièces de canon, de plus de 150.000 fusils. On compte 200 prises et reprises de villes, 700 combats particuliers, 17 grandes batailles rangées dans cette guerre que Napoléon Ier a immortalisée d'un mot, en l'appelant une guerre de géants.

Entre autres familles de Saint-Maurice qui eurent à souffrir de cette guerre, citons les familles Coquin, Rousseau, Baranger, Rochard, Houet du Voide, Onillon du Voide, Beaumard, Airaudeau, Banchereau, Taillée, Guérin, Nault, etc. La famille Piet de Beaurepaire perdit 7 de ses membres; le baron de la Haye, Alexis-Marie-Joseph, officier de cavalerie avant la Révolution, avait émigré ; il rentra en France et prit une part active à la guerre avec son frère, le chevalier de la Haye. Les archives communales nous révèlent seulement trois noms de combattants de Saint-Maurice, tués dans les rangs vendéens : Louis Maudoux, Pierre Texier et Claude Gaillard, tué à la Touche d'Hillerin, paroisse du Breuil, et enterré par le fermier dans un champ voisin ; ses ossements furent exhumés et transférés au cimetière de Saint-Maurice par les soins de sa veuve, Renée Coquin, le 4 janvier 1803.

Au mois de juillet 1828, la duchesse de Berry, visitant la Vendée, vint à Saint-Aubin de Baubigné où 5.000 vendéens commandés par M. des Nouhes l'acclamèrent : elle distribua aux capitaines de paroisse la croix du Lys ; la famille Girard à la Rablerie de Genneton conserve la décoration accordée à l'un de ses membres ; le vieux Ménard, encore garde à la forêt d'Etusson, était présent avec ses anciens compagnons d'armes d'Etusson et de Saint-Maurice ; la duchesse de Berry lui attacha la croix de Saint-Louis sur sa veste de bure ; il l'avait bien méritée. (1).

Un des derniers actes de ce long drame se déroula le 2 juin

(1). *Histoire de la Vendée*, Deniau VI, 517.

1833 à l'Arceau, près des moulins de la Fougereuse. Le meunier, Gremillon, dévoué au parti royaliste recevait chez lui les conscrits réfractaires. Il fut dénoncé par son garçon farinier à l'adjoint, puis au maire de Saint-Maurice qui s'honorèrent en refusant de recevoir cette délation; les gendarmes d'Argenton furent alors prévenus, mais les réfractaires avertis à temps prirent la fuite et jurèrent de se venger. Jeannoy des Aubiers et plusieurs autres vinrent se poster dans le chemin qui conduit aux moulins, ils rencontrent leur délateur et lui reprochent vivement sa trahison. Jeannoy lui ordonne de se mettre à genoux et de recommander son âme à Dieu, et sur son ordre René Froger fut passé par les armes ; il était 4 heures du matin. Ce fut le dernier coup de fusil des discordes civiles qui avaient ensanglanté le pays pendant de trop longues années. Si la Vendée fut vaincue par le nombre, elle ne tomba pas sans gloire et fit triompher par ses sacrifices la cause véritable de son insurrection, la restauration de ses autels.

Voici d'après un relevé dressé à la cure d'Etusson, les noms des victimes de Grignon et de ses bandes, enterrées au lieu dit la Croix-Noire et à la Croix-du-Pré. Les gens du pays prétendent que les eaux de la fontaine, située tout près du village, deviennent couleur de sang à chaque printemps.

*Au village de La Vau* : Angélique Braud, f. Richard, 56 ans ; Marie, Angélique, Renée et Pétronille Braud ses enfants et Marie Richard sa petite-fille.

*Au village Charbonnière* ; La veuve Gorias, 50 ans ; Jacques Chiron, père, 50 ans ; Jacques Chiron, fils 18 ans ; Jean Gorias, 25 ans ; Pierre Grolleau, 40 ans ; François Laumail, 50 ans.

*Au village Longueville* : F[e] Violleau, 50 ans ; Louise Richard, 18 ans ; V[ve] Bouet, 50 ans ; Marie Lombelaire, 48 ans ; Jean Parenteau, 36 ans ; Pierre Violleau, 50 ans ; François Braud, 50 ans ; Braud fils, 30 ans :

*Au village Breillet* : Renée Prisset, f[e] Gably, 60 ans ; Marie Grellier, 50 ans ; V[ve] Massicault, 50 ans et ses deux enfants ; Marie Grellier, 56 ans ; Jean Mouchard, 40 ans ; François Bordier, 50 ans ; Pierre Poudret, 50 ans.

*Au bourg* : François Thibault, 50 ans.

*A Civie* : Mathurin Gachet, 45 ans ; Louis Gaschet, 18 ans ; René Maillet, 60 ans ; Maury, Chanoine du May, près Bellefontaine.

*A Brochemelle :* Louis Rigolleau, 40 ans ; Melaine Rigolleau,

35 ans ; Louis Augeard, 70 ans ; Pierre Jouiteau, 40 ans ; Vve Rigolleau, 72 ans ; Madeleine Baudry, 65 ans.

*A la Pommeray :* Jean Roger, 37 ans ; Vve Roger, 66 ans : Furent tués dans divers combats ; François Boulard, en 1793 ; Jacques, au choc de Coron, avril 1793 ; Jean Froger, juin 1793 ; Jean Gauffreteau, 30 ans, juillet 1793 ; Jean Richardeau, 36 ans, juillet 1793 ; Pierre Braud, 30 ans : André Bénard, 23 ans, au choc de Luçon, 1793 ; René Rétiveau, 26 ans, septembre 1793 ; Louis Guillet, 36 ans ; Etienne Lambalaye 50 ans ; Pierre Baudry, 25 ans, en mars 1794 ; Louis Girardeau, 19 ans ; Pindessons, Michonneau, Guérin, qui avait sonné le tocsin en 1793, et quelques autres renfermés dans l'église par le général Grignon, puis délivrés furent tués plus tard on ne sait où.

Outre ceux qui moururent les armes à la main, la paroisse d'Etusson compta donc 42 personnes massacrées par les hordes de Grignon. Ni le chef, ni les soldats n'avaient l'âme assez haute pour comprendre ce beau vers de la Pharsale de Lucain :.... Unica belli præmia civilis, victis donare salutem. La seule récompense de la guerre civile est d'épargner les vaincus.

# LIVRE II

# La Fougereuse et les diverses Administrations

## CHAPITRE I

## L'ORGANISATION ECCLÉSIASTIQUE

L'érection de la Fougereuse en paroisse doit remonter à une époque fort reculée. Cette localité est, en effet, très ancienne, puisqu'on y relève plusieurs établissements Francs ; et d'autre part, elle avoisine le Bas-Mureau et la ville Clara (Cléré) qui selon toute probabilité vit naître St-Hilaire et où vécut sûrement sa famille. La Religion chrétienne y était donc connue et pratiquée dès le troisième siècle. C'est le bourg de la Fougereuse qui fut le premier chef-lieu paroissial ; c'est là que s'élevait l'église primitive qui, d'après la tradition locale recueillie par l'abbé Morin, curé de St-Maurice de 1830 à 1869, était dédiée au Prince des apôtres, à St-Pierre (1).

Cette église demeura le centre paroissial jusqu'en 1119 ; le voisinage de la chapelle de Ste-Marie-Madeleine et du prieuré de Moniales établi par Guy de la Fougereuse, en 820, influa sur sa destinée (2). Lorsque ce monastère eut été donné par Guillaume I, évêque de Poitiers à Raoul de la Fustaye, par acte passé à Montreuil-Bellay, en 1117, ce dernier soumit le prieuré à la règle du B. Robert d'Arbrisselles ; dès lors pour élever le couvent d'hommes, les prieures durent songer à s'agrandir au dépens de l'église paroissiale.

Une supplique fut adressée par la prieure à l'évêque de Poitiers dans le but d'obtenir le transfert du centre paroissial au lieu dit le Plessis Cofred, aujourd'hui le bourg de St-Maurice.

(1). *Archives de l'Evêché de Poitiers*, carton de la Liturgie. — (2). *Archives dép. d'Ille-et-Vilaine*, 2, H. 2, 69.

L'Evêque exauça la demande en déterminant expressément le vocable sous lequel serait placé le nouvel édifice.

Cette pièce intéresse trop l'histoire locale pour que nous la passions sous silence (1). « Ego Guillelmus, Dei gratia Pictavorum episcopus, do et concedo venerabilis et circumspectæ monialis prioris de Fulgerosa supplicationi et obnixo rogatu impendo, certis rationibus ejusdem prioris justissimis irrevocabiliter permitto ecclesiam templumque exstruere et domum rectoris dicto templo convertere in districtu et territorio dictæ priorissæ et non alibi eminenter erigere ; in quo quidem districtu et territorio, parochiæ concessus collocabitur, illicque baptismales perpetuo transferantur fontes ; quod quidem templum in Dei, sancti Mauritii suorumque sociorum præconio, retentis et reservatis omnibus prœeminenciis, decorabitur. Actum in claustro dicti loci sanctæ Mariæ Magdalenæ de Fulgerosa, videntibus his testibus Gosberto Pictaviensis ecclesiæ decano, Stephano archidiacono, Arnodo theshauriza tore, exercendo meam visitationem, anno ab incarnatione Domini millesimo centesimo decimo nono, sexto idus junii in Dominica, Calixto papa secundo, Ludovico rege Francorum, Guillelmo duce Aquitanorum, Aimerico Thoarcium vice comite...»

L'acte de Guillaume Gilbert, alors évêque de Poitiers, autorisait donc la prieure à construire une église sur son territoire pour y établir le siège de la paroisse et y transférer à perpétuité les fonts baptismaux ; mais ce temple devait être placé sous le patronage de St-Maurice et de ses compagnons.

De cette église bâtie dans la première moitié du douzième siècle, il subsiste encore le chœur qui a été exhaussé lors de la reconstruction de 1848 ; la fenêtre ogivale du chevet, les murs et contreforts du chœur appartiennent à cette époque.

La paroisse de la Fougereuse, au diocèse de Poitiers, releva d'abord du doyenné de Thouars, puis du doyenné créé à Bressuire, au mois de Février 1208 par Maurice de Blazon, évêque de Poitiers ; le Pouillé de Gauthier de Bruges, du 13e siècle (2), désigne ainsi notre église : Ecclesie de Faugerosa patronatum habet abbatissa Sancti Supplicii et debet XX sol. de byssexto, jure XX libras. L'église avait pour patron l'abbesse de St-Sulpice près Rennes et devait à l'évêque 20 sous chaque année bissextile et de droit vingt livres ; le patronat de l'abbesse de St-Sulpice

(1). *Archives dép. d'Ille-et-Vilaine*, 2 H 2, 60. — (2). Bibl. de la ville de Poitiers, *Grand Gauthier*, folio 168, verso.

s'explique par le fait de la donation du prieuré conventuel de la Madeleine de la Fougereuse à l'abbaye de St-Sulpice fondée par Raoul de la Fustaye. Suivant la fortune du doyenné de Bressuire, La Fougereuse, détachée de l'évêché de Poitiers, passa au diocèse nouveau créé à Maillezais, au mois d'août 1317 par le pape Jean XXII. Lors du transfert du siège épiscopal de Maillezais à la Rochelle, en 1648, La Fougereuse continua de faire partie du diocèse de la Rochelle-Maillezais ; il en fut ainsi jusqu'au Concordat de 1801. A cette époque, la paroisse de St-Maurice fut rattachée à l'évêché de Poitiers ; soustraite au doyenné de Bressuire, elle ressort du doyenné d'Argenton-Château, mais demeure, comme avant 1317, de l'archiprêtré et archidiaconé de Thouars.

D'après le Pouillé de Gervais Alliot, 1648, le prieuré de Fougereuse avait pour patron l'abbé de Rhedon, en Bretagne (I, page 25 1).

D'une déclaration faite au Roi, en 1679, il ressort que l'abbesse de St-Sulpice des bois, exempte de la juridiction de l'évêque de Rennes, relevait directement du Saint-Siège ; elle présentait elle-même aux prieurés, cures et bénéfices dépendant de son monastère ; en 1679, 25 prieurés et 12 cures ou vicairies relevaient de St-Sulpice ; parmi ces cures nous notons le nom de la Fougereuse (2).

Jusqu'au commencement du 17e siècle, dit M. l'abbé Guillotin de Corson dans son Pouillé historique de l'archevêché de Rennes, tome II, la plupart des paroisses dépendant de St-Sulpice furent desservies par des religieux bénédictins ou frères condonats.

Le service de la paroisse de St-Maurice, depuis la donation du prieuré à Raoul de la Fustaye, en 1117, fut donc assuré par les religieux du couvent d'hommes placé sous l'obéissance de la prieure, selon la règle de Robert d'Arbrisselles ; il en fut ainsi jusqu'au milieu du 16e siècle. Le souvenir en a été conservé par la tradition locale qui fixe à St-Maurice une communauté religieuse (3).

Lorsque ces communautés d'hommes eurent disparu, les prieures de la Fougereuse continuèrent à affirmer leur droit de présentation à la cure de St-Maurice. Les seigneurs de la Haye-Fougereuse et du Merle Fougereuse essayèrent vainement de

(1). Bib. nat. — (2). *Arch. dép. de la Loire-Inférieure*, B. 749. — (3). *Archives de l'évêché de Poitiers*, carton de la liturgie.

leur contester ce patronage, après les troubles de la fin du 16e siècle. Un arrêt du parlement de Paris, du 26 mars 1619, maintint la prieure en droit de se dire fondatrice de l'église paroissiale et cure de St-Maurice (1); c'est à la suite de cet arrêt que madame d'Appelvoisin, alors prieure, fit apposer ses armes dans le chœur de l'église où elles se voient encore. L'édifice bâti a la suite de l'acte de 1119 avait reçu la désagréable visite des protestants ; il fut restauré au début du 17e siècle, le clocher subit des remaniments en 1663 ; l'échelle qui sert au clocher actuel et qui semble avoir été faite pour des jambes de géant est de cette époque ; elle porte incrustée sur un de ses montants la date 1663 et l'inscription *Métayer*, *P. C.* ; c'est le nom du prieur, curé de Saint-Maurice.

Les registres paroissiaux conservés à la mairie ne remontent qu'en 1668, les registres antérieurs ont disparu. Ils ne contiennent rien de bien intéressant pour l'histoire locale ; nous transcrivons, toutefois, deux actes se rapportant à un accident survenu à l'étang de Buzet, et une délibération paroissiale au sujet de la nomination d'un sacristain en 1725 ; ce nous sera une preuve de plus que les paroissiens étaient intéressés à la vie paroissiale et qu'ils avaient voix au chapitre.

« Le 21 juillet 1675, jour de dimanche estant à Vespre, on vint avertir qu'il y avoit deux persônes noiez dans la rivière et estang de Buzet (2). Les Vespres finies, moy curé soubsigné accompagné de deux clercs, mon surpely et étole pliée nous nous somes transportez aud, estang, où étant jay rencontré Charles Vilain, Pierre Fuzeau et Mathurin Girard qui mont dit avoir veu beigner Jacques Guérin, fils de Jean Guérin et de deffuncte Louise Joly sa mère, avec Pierre Talbot, serviteur domestique de Mre François Gaillard, lesquels Guérin et Talbot en se beignant ont insensiblement coulé en une fosse dans lestang, qui ont disparu et coulé a fond sans les pouvoir voir ny aider à se sauver de ce danger. Ce qui maiant été assuré, jay fait cherché les corps des deffuncts, et le premier quors trouvé et tiré a été celuy de Jacques Guérin, duquel je me suis saisy et l'aiant reconnu pour un de mes paroissiens, qui en son vivant menoit une vie assé douce et fort exemplaire d'un bon chrétien. Estant revestu de mon surpelit et d'une étole, jay aspergé led. corps deau béniste et dit les prières accoutumées. Cela fait, jay conti-

(1). D. Fonteneau, XXVI, 757. — (2). L'étang de Buzet et son moulin étaient situés au bas de l'ancien emplacement de Civic ; il en reste encore quelques débris.

nué à faire faire la recherche de lautre corps jusqua sept heure du soir. Pendant lequel temps, la justice de Mad[e] la prieure de la Fougereuse est venüe, qui a fait son procès-verbal, ce que je nay peu empescher de faire. Etant presque soleil couché, après avoir mis Mre Jean Lecomte, mon vicaire, en ma place pour en faire faire la recherche, jay fait apporter le corps du susd. Jacques Guérin à mon église de St-Maurice de la Fougereuse et, les cérémonies observées, lay fait enterrer au cimetière de céant, en présence de Jean Guérin, son père, Maurice et Jacques Guérin son grand'père et oncle, Léonard Laloteau son beau-frère, Marie Guérin sa sœur, Michel Brandeau, Toussaint Richard, Jean Brandeau et plusieurs autres qui ne scavent signer de ce enquis par moy.

J. Guérin, Mettier, *curé de céant.*

Le lendemain, vingt et deux juillet 1675, sur les 6 ou 7 heure du matin, Mre Jean Lecomte, ptre vicaire susd. de cette paroisse a été au lieu et rivière de Buzet pour voir si on continuait à faire la recherche du corps de Pierre Tallebot, ce quon faisoit avec bien du soing et comisération, led. sieur Lecomte viccaire à peine était-il arrivé que led. corps paru dans leau, a fait approcher led. corps et la touché de son étole, premier que la justice de la Fougereuse se fut emparé ; le la fait apporter à l'église chanté la messe le corps pst et fait enterrer en présence de Nicolas, Malène, Françoise, Jacques et Mathurine Talebot, ses frères et sœurs, de Mathurin Geay, Pierre Coulinet, François Moreau, Etienne Papineau et plusieurs autres qui ne scavent signer de ce enquis par moy fors les soussignés.

Nicolas Talebot, Villain, J. Guérin,
Metteier, *curé*, J. Lecomte.

### Délibération de paroisse (1).

Aujourd'huy, dimanche 4 mars, l'an 1725, les manens et principaux habitants de cette paroisse à issue de grande messe, après le son de la cloche et autres formalités à ce requises se sont assemblés à la réquisition de Mre Gilles Cotherel, leur curé pour délibérer entre eux s'il étoit expédiant de changer Henry Hulain, sacristain fausseieur sur ce qu'il ne rendait pas services qu'il étoit tenu par sa fonction, et lesdits habitants aiant mure-

(1). *Arch. com., registres paroissiaux.*

ment examiné les raisons des plaintes du sieur curé à légard dudit Hanry, ils ont estimé à propos pour le bien et utilité de ladite paroisse de révoquer et destituer ledit Hanry, de laditte fonction de sacristain, et ont élu à sa place Pierre Sigonneau qui demeure proche l'église et est plus en état de faire lesdittes fonctions qu'aucun autre, et ont touts prié ledit sieur curé de vouloir bien l'accepter et luy donner aussi son suffrage, veu laquelle nomination, iceluy dit sieur curé a consenti que ledit Sigonneau fist la fonction de sacristain, et que ledit Hanry en demeurast destitué, ce qui a été accepté par Sigonneau présent, à la charge quil percevera les profits et émoluments soit de questes et autres droits qu'avoit accoutumé de percevoir ledit Hanry et ce affin de le mettre en état de faire le service de laditte paroisse ainsi que laditte fonction le regarde.

Délibéré ledit jour, an que devent, à l'issue de laditte messe paroissiale par Pierre et Jacques Baranger, Jean Grimault, Jean Charouau, Pierre Maudoux... Pierre Cousineau et René Petit-Bois qui ne sont soussignés et les soussignés qui font ensemble la plus senne et majeure partie des habitans.

G. Cotherel, *curé de St-Maurice*, Blanchet,
Poitevin, J. Massé, Pierre Baudry, M. Grellier.

A propos de sacristain, notons que depuis plus de 150 ans sauf un court intervalle, cette fonction a été remplie par la famille Baranger.

Le procès-verbal de visite de l'évêque de la Rochelle en 1739 va nous indiquer l'état de la paroisse à cette époque.

### Visites épiscopales de Mgr de Menou, feuillets 585, 586 et 587 (1).

Augustin Roch de Menou etc., après avoir indiqué notre visite épiscopale pour la paroisse de St-Maurice de la Fougereuse au vingt septembre 1739, nous nous y sommes rendu la veille au soir et le led. jour sur les huit heures du matin, le sieur Pierre Durand, prêtre, curé de lad. paroisse' accompagné du sieur Pierre Perreau, son vicaire et de plusieurs de ses confrères sont venus nous prendre au presbytère, nous ont conduit processionnellement à l'église et reçu avec les cérémonies ordinaires, après quoy, nous avons célébré la Ste-Messe, donné la

(1). Communiqué par M. l'abbé H. Boutin, rédacteur des *Archives du diocèse de Luçon*.

communion et la confirmation à tous ceux qui nous ont été présentés, après quoy nous sommes allés au cimetière que nous avons trouvé bien fermé et entouré de murs ; nous sommes ensuitte rentré dans l'église, avons visité les fonds *(sic)* baptismaux ; le vase des eaux baptismales est de cuivre étamé au dedans ; nous avons recommandé au sieur curé de le tenir plus proprement ; les vases des S[tes] Huiles sont d'étain ; lesdits fonds sont bien fermés et entourés d'une petite balustrade. Il y a un confessionnal dans la nef, bien en règle ; il y a un second confessionnal dans une des chapelles de la nef ; nous avons ordonné de mettre une *coulice* qui manque à une des jalousies. Il y a une tombe dans lad. chapelle qui n'est point enfoncée dans la terre ; nous avons ordonné de l'y faire enfoncer et de la faire mettre au niveau du pavé de lad. chapelle. Il y a deux petits autels dans la nef à côté du chœur ; ils sont, l'un sous l'invocation de la Ste-Vierge et l'autre de la Résurrection de Notre-Seigneur, ils sont fort propres et bien tenus, nous avons ordonné de faire mettre une pierre sacrée sur l'autel de la Résurrection.

Nous sommes ensuitte entré dans le chœur, avons visité les livres de chant que nous avons trouvés très mauvais et hors d'état d'être reliés ; nous avons ordonné d'en acheter de neufs incessamment, ce que nous a promis le sieur curé qui nous a dit avoir l'argent depuis du temps pour faire cet achat.

Nous sommes ensuitte entré dans la sacristie ; nous y avons trouvé des ornements de toutes les couleurs bien tenus, du linge suffisamment et en bon état, un soleil de vermeil très beau, une custode d'argent bien dorée en dedans, un fort beau calice d'argent bien doré en dedans. On nous a présenté les registres des baptêmes, mariages et enterrements ; nous les avons trouvés bien en règle.

Nous sommes ensuitte allé dans le sanctuaire, avons donné la bénédiction du St-Sacrement et visité le tabernacle. Nous y avons trouvé un ciboire d'argent bien doré en dedans, nous avons ordonné de faire mettre un pavillon de soye par dessus, le tabernacle est de bois doré fort usé.

Le presbytère n'est pas éloigné de l'église ; il est assez logeable. La cure est à la présentation de madame la prieure de la Fougereuse, vaut environ 600 livres. Il y a 500 communions, point de religionnaires. La Fabrique a 8 livres de revenus, les comptes sont en règle.

La ditte dame Prieure de la Fougereuse est dame de ladite paroisse. Il y a trois chapelles fondées dans l'étendue de lad. paroisse.

La chapelle ou stipendie de St-Antoine, situé dans le bourg de la Fougereuse vaut 200 livres de revenus, elle est chargée de trois messes par semaine qui s'acquittent dans lad. chapelle par le sieur Nicolas Vexiau, prêtre de notre diocèse, qui en est titulaire ; elle est à la présentation de M. de la Haye de Bernabé.

La chapelle domestique située dans le château de la Haye, appelée la chapelle de la Haye, vaut environ 40 livres, est chargée de deux messes par semaine. led. sieur Vexiau en est titulaire; elle est à la présentation de M. de la Haye de Bernabé, ledit sieur Vexiau est approuvé dans l'étendue de la conférence.

La chapelle de Notre-Dame-de-Grâce située au village de Grâce à un quart de lieue de lad. église paroissiale est chargée de deux messes par semaine qui sont acquittées par le vicaire de cette paroisse ; vaut environ 90 livres ; elle est unie au vicariat, les dites trois chapelles sont bien tenues et fournies de tous les ornements, vases sacrés et autres choses nécessaires pour dire la messe.

Nous avons fait remise de nos droits de visite. Fait et arrêté en lad. paroisse de St-Maurice de la Fougereuse ledit jour vingt septembre 1739.

Aug. R. *év. de la Rochelle*, Roulleau, *vic. gén.*
P. Durand, *curé*, François, *secr.*,
Perreau, *prêtre, vicaire de Saint-Morice.*

Au moment où éclata la Révolution, la paroisse avait pour curé et pour vicaire l'oncle et le neveu, MM. Jean-Baptiste Jarry et Jean-Louis Jarry, tous deux appartenant à une famille honorable de la contrée, originaire de Nueil-les-Aubiers. Ils eurent la coupable faiblesse de prêter serment à la Constitution civile du clergé mais ne tardèrent pas à s'en repentir.

Voici le procès-verbal de la prestation de serment (1) :

« Aujourd'hui, dimanche, 13 février 1791, à l'issue de la messe paroissiale, en présence du conseil de la commune et de tous les habitants. M. Jarry curé de laditte paroisse a dit : Messieurs, je prête sans restriction le serment civique, je n'ézite pas à le réitérer : comme citoyen français, je jure d'être fidèle à la nation, à la loi et au Roy, de maintenir de tout mon pouvoir la Constitution décrétée par l'Assemblée nationale et sanctionnée par le Roy, de veiller avec soin sur les fidelles de cette paroisse faisant profession de la Religion catholique,

(1). *Arch. dép. du Maine-et-Loire*, L. 962.

apostolique et romaine. » Et M. Jean-Louis Jarry, vicaire, a fait le même serment.

« Fait et arrêté par nous officiers municipaux de Saint-Maurice la Fougereuse. Signé : Louis Besnard, procureur de la commune, Cristophe Rochard, officier, Devault, Motais, Jacques Hullin, Michel Boudier, Coquin, Mathurin Allard et autres. »

Quelques rares prêtres du voisinage se laissérent aussi entraîner à prêter le malheureux serment, mais ils ne tardèrent pas à se rétracter. Bien que nous n'ayons pu retrouver la rétractation écrite par le curé et le vicaire de Saint-Maurice, il ne saurait y avoir de doute pour eux à ce sujet. A la suite des ennuis de toute sorte que leur attira leur courageux repentir, ils durent quitter le pays ; le vicaire, Jean-Louis Jarry, y reparut en 1795 ; son oncle ne revint qu'après le Concordat de 1801, comme curé de Saint-Maurice et il y mourut en avril 1804.

M. Jean-Marie Rethoré, d'abord aumônier des Dames de la Fougereuse, puis nommé au prieuré-cure d'Etusson le 9 juin 1784, hésita longtemps à prêter le serment (1). « Maudit serment répétait-il, te ferai-je ? » Un de ses vaillants paroissiens, Pindesous, qui périt plus tard sous les balles des Bleus, lui criait : « Ne le faites pas, M. le curé ! » René Richard, alors syndic d'Etusson, lui apporta, un dimanche, la formule à signer. M. Rethoré refusa de la souscrire et en rédigea une autre plus conforme à sa Foi, qu'il fit transcrire pendant les vêpres par le syndic, tout dévoué à la cause de Dieu (2). Les commissaires de la République ne trouvèrent pas la formule suffisante et pour se soustraire à la persécution M. Rethoré dut se réfugier en Espagne.

M. Raymond, originaire de Bressuire et ancien chanoine du château d'Argenton, d'une réputation plus qu'équivoque, prêta le serment, le rétracta, quitta la soutane, se fit garde municipal à Argenton, remplaçant pour 15 sous ses compagnons d'armes à leur tour de garde ; à la nouvelle que les Vendéens menacent Thouars, il se rendit dans cette ville avec les gardes municipaux d'Argenton ; là, il assiste à la profanation d'un crucifix. Cet acte impie réveille sa foi ; il en est impressionné au point de venir s'offrir, plein de repentir, au vénérable M. Larc, curé de Saint-Clémentin. Celui-ci lui impose une pénitence de 40 jours, qui est acceptée, et M. Raymond, réhabilité, vint pendant quelques mois exercer son ministère à Etusson et à Saint-Maurice ; il disait sa messe dans la cave du couvent de la Fougereuse. Plus tard,

(1). Notes de M. Rethoré, ancien curé d'Etusson. — (2). Ce Richard cacha chez lui, au péril de sa vie, plusieurs prêtres pendant la période révolutionnaire.

M. Raymond se retira à Saint-Paul du bois. Au moment du Concordat, il convoqua sa paroisse pour connaître à la pluralité des voix s'il fallait se soumettre au Concordat. Il reçut alors une bonne leçon d'un paysan. « M. le curé, lui dit ce dernier, quand je veux ensemencer mes terres ou vendre mes bœufs, je n'ai pas besoin de vos conseils ; vous aussi, vous devriez savoir à quoi vous en tenir et connaître votre devoir. » Personnage médiocre, après avoir pris, puis quitté le cilice et la haire, servi Dieu et le diable, hésité entre le concordat et le schisme, M. Raymond mourut curé dissident, à Ciriére, vers 1833.

M. R. Talbert, originaire de Chanteloup, près Bressuire, arriva dans le pays au mois de juillet 1794 ; il avait reçu ses pouvoirs pour desservir Etusson, Saint-Maurice et autres paroisses adjacentes de Mre Etienne-Jean-Baptiste-Marie Bernier, curé et chanoine de l'église royale d'Angers, commissaire général pour le Roi dans l'Anjou et le Haut-Poitou. Il retourna à Chanteloup en juin 1795 ; pris par les Bleus, il y fut massacré.

M. Jarry, ancien vicaire de Saint-Maurice, revint dans cette paroisse en 1795 ; il se retirait ordinairement à la Baguenauderie, ferme aujourd'hui détruite et sise en bas du Plessis. Le fermier Maillet lui donnait l'hospitalité au péril de sa vie. M. Jarry disait la messe dans les caves du couvent de la Fougereuse ; il administra la paroisse jusqu'au concordat, au retour de son oncle et quitta Saint-Maurice en 1802 ; il fut, à cette époque, nommé curé de Saint-Clémentin. Il avait aussi prêté son ministère aux fidèles d'Etusson pendant la période révolutionnaire, avant l'arrivée dans cette paroisse de M. Mélaine Dillon. Tous les deux célébrèrent longtemps leur messe dans la forêt d'Etusson, sur une large pierre dite *pierre de la Fortune*.

Les prêtres intrus ne purent demeurer dans un pays aussi fôncièrement catholique. Ils n'enregistraient d'ailleurs que les décès. Les fidèles portaient baptiser leurs enfants aux prêtres non assermentés, et c'est devant eux qu'ils allaient contracter mariage. M. Jarry libellait ainsi les actes de mariage pendant cette époque de troubles : « Vu la dispense de trois bans accordée à cause de la persécution... » Les actes de l'état religieux, aujourd'hui conservés à la mairie, s'arrêtent au 3 septembre 1797.

## Confréries

La plus ancienne de ces pieuses associations dans la paroisse est celle du Saint-Sacrement ; les anciens registres étant perdus, il ne nous a pas été possible de trouver la date de son érection. Pour assurer aux confrères le gain des indulgences accordées par l'Eglise, il a fallu recourir à une nouvelle érection canonique. C'est le 28 novembre 1899 que Mgr Henri Pelgé, évêque de Poitiers a rétabli à St-Maurice cette confrérie, tombée depuis bientôt trente ans.

Les registres des comptes de Fabrique dans la 1re moitié du siècle mentionnent chaque année les frais d'un service pour les confrères défunts ; la confrérie posséda quelques biens avant la Révolution ; ils sont désignés au cadastre par leurs dénominations : Section G l'ouche de la frérie 276, la frérie 277 ; dans l'ancienne église cette confrérie avait un tronc spécial.

La confrérie du Saint-Scapulaire du Mont-Carmel a été érigée dans la paroisse par Mgr Pie, évèque de Poitiers, le 1er août 1872.

La confrérie du Saint-Rosaire fut établie le 1er novembre 1889, par le R. P. Fourguette, du couvent des Dominicains de Poitiers et l'autel de la Sainte-Vierge désigné comme autel de la confrérie.

## Reliques

L'Eglise de St-Maurice possédait autrefois un morceau assez considérable de la vraie croix. La tradition affirme que cette relique et celles de Joué sous Etiau et de Baugé étaient les plus célèbres de l'Anjou ; de même que le dimanche de la Passion on se rendait du voisinage à Joué pour vénérer la précieuse relique, de même on accourait à St-Maurice à l'office du vendredi saint. Le reliquaire qui la renfermait fut changé à cause de sa vétusté dans la dernière moitié de ce siècle ; l'évêché en profita pour ne renvoyer à l'église qu'une parcelle de cette relique, don des prieures de la Fougereuse.

Deux autres reliquaires conservés à la sacristie sont exposés avec l'autorisation de l'évêché sur les gradins de l'autel, aux jours de fête, ils contiennent d'assez nombreuses reliques provenant du prieuré de la Fougereuse ; au moment de la dispersion des Bénédictines, les reliques furent apportées à l'église paroissiale et placées au-dessus du grand autel alors adossé au chevet de l'église, elles étaient renfermées dans une boîte en bois quasi circulaire et vitrée. Lorsque Mgr Pie, visitant la paroisse, connut ce riche dépôt, il en préleva une partie et fit renfermer le reste dans les deux reliquaires actuels absolument semblables de forme. L'un renferme un morceau de la ceinture de la Ste Vierge, provenant du chapitre du Puy-Notre-Dâme. La relique célèbre aurait été apportée en France par l'empereur Charles le chauve et envoyée par la reine Constance à Geoffroi Grisegonelle, comte d'Anjou (1). C'est à Loches que le comte fit bâtir une église pour y déposer la Ste-Relique que l'on retrouve plusieurs siècles après dans l'église du Puy-Notre-Dame. Le roi Louis XI avait beaucoup de vénération pour la Ste Ceinture ; il la fit mettre dans une magnifique châsse de vermeil et fonda en son honneur vers l'an 1472 un corps de chapelains dont il fit ensuite un chapitre composé de 13 chanoines ; le pape Sixte IV autorisa cette fondation en 1482. Louis XI vint souvent au Puy-Notre-Dame ; Charles VIII honora de ses dons le nouveau chapitre.

La Sainte Ceinture jouit longtemps d'une grande réputation dans la contrée. Presque toutes les femmes enceintes allaient l'invoquer et la ceindre pour obtenir une heureuse délivrance.

Louis XIII la fit apporter à St-Germain en Laye pendant la grossesse de la Reine et la Ste Ceinture favorisa la naissance du grand roi Louis XIV (2). Louis XIII reconnaissant fit don le 26 mars 1638 à l'église du Puy-Notre-Dame d'une châsse d'argent vermeil, dorée à jour, ornée d'une image de la Vierge au haut d'icelle, avec une petite cassette d'argent, le tout pesant 34 marcs et dans un étui garni de velours, pour, après que lesdites châsse et cassette auront été bénites en la manière requise, y mettre la ceinture de la Vierge et y être perpétuellement gardée à l'avenir.»

Anne d'Autriche étant encore enceinte deux ans après de Philippe, duc d'Orléans, écrivit au chapitre pour demander une seconde fois la même ceinture.

Voici la description de la relique telle qu'elle était au sortir de la Révolution (3). « Cette ceinture a 5 pieds de longueur ; elle est composée de trois bandes de damas cramoisi, recouvertes de damas blanc et réunies par deux médaillons d'argent doré. Chaque médaillon, de 28 lignes de longueur sur 19 de largeur, renferme sous un cristal un petit morceau d'étoffe de 12 à 13 lignes de largeur sur 24 lignes de longueur ; ce sont des petits morceaux d'étoffe qui faisaient, dit-on, partie de la ceinture de la Vierge, leur couleur est d'un rouge terne, le tissu en est fin et serré ; mais je ne puis dire s'ils sont de soie ou de laine, parce que les cristaux qui les couvrent, étant très épais, taillés en ovale et bombés, ils donnent, dans tous les sens, un reflet brillant sur l'étoffe, qui ne permet pas de la bien distinguer. Entre

(1). *Recherches historiques sur la ville de Saumur et ses monuments*, par J. Bodin, T. I, pages 374 et sq. — (2). Thibaudeau, *Hist. du Poitou*, III, 141. — (3). J. Bodin, *Op. cit.*

les deux médaillons, la ceinture a 19 lignes de largeur, elle va ensuite en diminuant par les deux bouts, qui sont ferrés d'or comme une aiguillette plate. Sur ces ornements d'or sont gravées plusieurs figures représentant des saints et des anges ; le goût du dessin annonce que cet ouvrage a été fait sous le règne de Louis XI ; mais ce qui m'a paru étonnant dans la façon de cette ceinture, c'est que les médaillons qui renferment les reliques sont d'argent, et que les bouts qui ne servent que d'ornements accessoires sont d'or massif. »

Avec le morceau de la ceinture de la Vierge, le premier reliquaire de St-Maurice contient un fragment d'os de St-Victor, martyr ; un os de St-Agathon, martyr ; un os de St-Anthime, martyr ; un os de St-Prime, martyr ; un os de St-Bruno, martyr ; un os de St-Antoine, martyr et un os de St-Concorde, martyr. Le second reliquaire renferme un fragment d'os de Ste-Radégonde, un fragment d'os de Ste-Thérèse, vierge ; un os de St-Célestin, martyr ; un os de St-Déodat, martyr ; un os de St-Claude, martyr ; un os de St-Timothée, évêque ; un os de St-Pamphile ; un os de St-Faustin, martyr ; un os de St-Symphorien, martyr et un os de St-Romain.

## L'ancienne église

Maltraité pendant la période révolutionnaire, le vieil édifice déjà brûlé par les bandes protestantes réclamait d'urgentes réparations. Elles furent votées par le conseil municipal de St-Maurice dans la délibération qui suit (1) :

Nous membres du Conseil municipal de la commune de St-Maurice la Fougereuse, rassemblés conformément à la circulaire du citoyen maire du 22 du présent, au lieu ordinaire de nos séances (25 germinal, an X). Vu l'arrêté du gouvernement de la République du 7 ventôse dernier, art. 1 ainsi conçu : En conséquence de l'art. 72 de la loi du 18 germinal an X, les conseils municipaux s'assembleront avant le 1er floréal et délibéreront sur les dispositions à prendre par la commune, 1° pour l'acquisition, location ou réparation du bâtiment destiné au culte, 2° pour l'établissement ou la réparation du Presbytère. »

Le conseil a reconnu que les deux bâtiments sont en mauvais état, qu'il faudrait qu'il leur fut fait des réparations dont le montant s'élève à la somme de 1.000 francs.

Considérant que lesdites réparations peuvent attendre encore

(1). *Arch. nat.*, F. 6, II, Deux-Sèvres, 17.

quelque temps, il a été décidé que la somme ci-dessus demandée serait répartie savoir celle de 500 fr. sur les contributions de l'an XII et celle de 500 fr. sur celles de l'an XIII.

Arrêté le présent procès-verbal en conseil, les jour, lieu et an que dessus. Plusieurs membres ont déclaré ne savoir signer.

*Signé :* Catroux, *le jeune ;* Rousseau,
P. Retault, Gervais Catroux et Croison, *maire.*
*Pour expédition,* Nivereau, *secr., greffier.*

La générosité des paroissiens aida à remeubler et à orner l'église. Nous sommes heureux de transcrire ici le nom de l'un des premiers bienfaiteurs ; par testament du 22 février 1806, Pierre Morin faisait à l'église de S^t^-Maurice une donation de blé qui dut être importante puisque le ministre autorisa l'acceptation de ce legs « à condition que le produit du bled vendu sera employé à l'achat d'ornements et d'objets propres au culte et à l'acquisition d'une cloche. » 6 août 1807. (1).

Munis de ces ressources, les fabriciens arrêtent, le 6 mai 1809, « qu'il sera fait 2 tableaux aux autels collatéraux, l'un représentant l'Assomption de la S^te^-Vierge et l'autre S^te^-Emmérance, le retable desdits autels, gradins, l'image de la S^te^-Vierge et sa niche, la Passion peintes ; de plus le grand tableau du Maitre-Autel rafraîchi, les deux tableaux, l'un représentant la Visitation de la S^te^-Vierge et l'autre l'Annonciation, les retables peints et un S^t^-Maurice au-dessus, le gradin aussi peint ; bien entendu que les 4 tableaux seront faits à neuf... Le tout pour la somme de 220 livres. » (2). S^t^-Roch avait aussi sa statue dans le chœur.

Jeanne Rullier, veuve d'André Miot, décédée au village du Plessis en 1814, institua les pauvres et la fabrique de S^t^-Maurice ses héritiers par moitié. Sur ce legs Pierre Rétiveau, trésorier de fabrique encaissait en 1820, 39 francs et 14 sols.

Nous venons de voir le ministre autoriser le legs Morin à la condition qu'il servit à l'achat d'une cloche. L'ancienne cloche avait été fondue pendant les guerres de Vendée et utilisée pour faire des balles. Les comptes de fabrique mentionnent le 7 avril 1816 un versement de 150 livres provenant du legs de feu Morin pour paiement de la cloche, elle se fêla en 1836 ; une quête pour la faire refondre produisit 340 fr. et 13 sols ; la Fabrique vota

(1). *Arch. nat.*, F. 3 II, Deux-Sèvres, 12. — (2). *Arch. de la Fabrique*, registre des délibérations.

500 fr. pour en augmenter le poids de 150 kilogrammes. La cloche rajeunie coûta 1.190 francs, elle ne devait pas habiter longtemps le vieux clocher ; la solidité des murs de la nef devenait douteuse et l'édifice parut trop étroit pour la population. On résolut donc de refaire à neuf en l'allongeant la nef de l'ancienne église. Ce fut alors que M. Charles Alexis Thomas de Bernabé, dernier baron de la Haye Fougereuse, offrit au conseil municipal de céder *gratuitement* à la commune l'ancienne église du couvent de la Fougereuse avec le bâtiment y adjoignant au midi pour y faire le presbytère, et l'espace où étaient les cloîtres, ainsi qu'une petite maison touchant à l'église (1). C'était une excellente occasion de reporter le centre paroissial à son premier siège et de sauver du même coup les belles ruines d'un prieuré millénaire qui avait fait la prospérité du pays. Le conseil municipal réuni le 18 juillet 1839 pour en délibérer répondit « qu'il aviserait. » Il avisa bien mal ; des questions de clocher furent soulevées et l'offre ne fut pas acceptée ; on reconstruisit l'église en 1848 sur son ancien plan et dans le mauvais goût de l'époque (2) ; les bois de charpente furent pris dans la bosse du Gué qui contenait alors des arbres magnifiques, la dépense totale s'éleva à 14,785 francs dont 3.000 seulement furent fournis par la commune ; le reste fut endossé par la Fabrique qui vendit pour solder les frais la borderie qu'elle possédait à la Fougereuse de temps immémorial et qui était affectée au vicariat avant la Révolution.

Cette église sans style et d'une solidité suspecte fut l'objet d'une première restauration en 1887 aux frais de la Fabrique ; elle dût être réparée d'urgence en 1898, la dépense fut couverte par une souscription de la presque unanimité des paroissiens ; elle avait été consacrée le 24 avril 1860 par Mgr Pie. Le procès-verbal de consécration porte que l'on *devra* conserver à St-Maurice « l'usage de célébrer à sa date, en février, la fête du B. Robert d'Abrisselles, comme dans les maisons de l'ordre de Fontevrault, par la célébration de la messe et par le salut du St-Sacrement avec l'invocation : Beate Pater Roberte, ora pro nobis » (3).

Cet usage existe toujours, et les prescriptions de Mgr Pie sont religieusement observées.

Le culte du B. Robert était répandu en Berry et Poitou comme le notait Niquet, dans son histoire de l'ordre de Fontevrault, page

(1). *Arch. com.*, reg. des délib. — (2). La chapelle du côté de l'épitre existait déjà ; on bâtit celle du côté de l'évangile pour parfaire le bras de la croix latine. — (3). *Arch. de l'évêché de Poitiers*, carton de la liturgie.

200, 1642. « Es anciennes litanies de l'ordre, après l'invocation de St-Benoist, on ajoutait ; Sancte Roberte magister bone, ora pro nobis, et ceste mesme prière estoit autrefois commune en la bouche du peuple, es quartiers de Berry et de Poictou, dépositaires de ses sacrées reliques. » (1).

Avant de prendre sa retraite, M. l'abbé Morin, curé de St-Maurice, dota le clocher de trois cloches l'une de 740 kilos ; l'autre de 522, et la 3e de 372. Hors la chaire et la boiserie du chœur, l'église de St-Maurice n'a rien de bien remarquable à montrer au visiteur. Les deux statues de Notre-Dame-de-Grâce et de St-Maurice sont un souvenir laissé à l'église par les anciens châtelains de la Haye-Fougereuse ; au mur de chevet sont fixées les armoiries des d'Appelvoisin et des Tiercelin, souvenir du procès gagné par la prieure en 1619.

## Calvaire et Croix

Un calvaire assez monumental existait à l'extrémité de l'ancien cimetière, aujourd'hui la place publique ; il avait été édifié ou restauré en 1818 ; détruit lors du transfert du cimetière, il n'a pas été remplacé ; de nombreuses croix avaient été érigées ici où là par la piété des fidèles, au Vignault, au lieu dit le Paradis près de la Barauderie, au lieu dit le chêne à la hauteur de la Gaucherie sur l'ancien chemin de Vihiers, etc. Celle du Vignault a été relevée le 22 mai 1899 ; le terrain est une concession de madame de Montreuil ; l'arbre un don de la famille Pineau et le Christ est l'offrande des enfants des deux communions; cette croix domine le pays et du terre plein où elle s'élève on jouit d'un beau panorama ; une autre croix dite de l'Arceau se dressait à l'entrée du chemin qui allait autrefois de la Fougereuse à la chapelle de Grâce ; l'existence de cette croix est affirmée dans un document du 19 mai 1791 ; elle fut renouvelée en 1819 au moyen d'une quête faite par M. Rétiveau (2), et, en 1857, aux frais de la Fabrique. Abattue par une tempête en 1899, elle sera bientôt remplacée. Cette croix est la seule qui s'élève auprès de la Fougereuse, aujourd'hui dépourvue de tout monument religieux. La croix dite croix de Grâce au carrefour des chemins de St-Maurice à Vihiers et de la Fougereuse à St-Paul est un don des familles Besnard-Houet.

(1). *Répertoire archéologique de l'Anjou*, 1863, p. 352. — (2). Registre des comptes de la Fabrique.

## Paroissse Saint-Maurice la Fougereuse

Liste des curés et vicaires, relevée aux Archives d'Ille-et-Vilaine, fonds Saint-Sulpice des Bois, prieuré de Fougereuse. sous la cote 2 H 2, liasses 69, 70, 71 et 72 ; dans un arrêt du Parlement de Paris, du 26 mars 1619 ; dans quelques comptes de décimes et dans les anciens registres paroissiaux de Saint-Maurice et d'Etusson :

*Curés et prieurs* :

Petrus capellanus. . . . . . 12e siècle
F. Radulphus (Raoul), prior . . 1197
F. Gullielmus, prior . . . . , . 1217
F. Jacobus, prior . . . . . . 1281
N..., prior, et N..., capellanus de Faugerosa. . . . . . . . 1300 et 1326
N..., capellanus de Fogerosa . . 1383
F. Guillaume de Vaucouleurs . . 1385
F. Pierre de Cahiduc . . . . . 1521
Messire Guérin. . . . . . . . . . . .
N... Charon . . . . . . . . . 1549
Pierre Leprestre. . . . . . . . . . .
Pierre Rouleau. . . . . . . . . . .
François Neau. . . . . . . . 1578
N... Savary . . . . . . . . . . . .
Jean Chupin, nommé en 1581, résigne en faveur de Leroy . . . . . . . . . . . .
Jean Gromet. . . . . . . . . . . .
Pierre Poupart résigne en faveur de Goureau. .
Louis Goumel. . . . . . . . . . . .
Blaise de Villiers, mort en. . . 1616
Clément Templier, mort un mois après sa nomination . . . . . . . . . . .
Jean Gaudichereau. . . . . . 1616
N... Boudier . . . . . . . . 1620
N... Gourichon . . . . . . . . . . .
Pierre Gautier. . . . . . . . 1655
Louis Turpault. . . . . . . 1658
Christophe Poictou. . . . . . . 1663
Michel Métayer, prieur-curé. . . 1663-1682
Jean Lecomte et François Martineau. Une sentence intervient le 5 juin 1687 en faveur de

François Martineau qui, de guerre lasse, donne sa démission. A la mort de Jean Lecomte, François Martineau reparaît comme curé de 1690 à 1699, époque de sa mort ; il avait alors 46 ans.

Jean Coeffé. . . . . . . . . 1699

François Roulleau. . . . . . . 1700-1711

François Delabarre, prieur-curé. 1711-1724

Intérim fait par Jean Sonnet, religieux de Bressuire ; Nicolas Vexiau, desservant et François-Léonard Juhel, religieux Augustin.

A. R. Serin de la Cordinière. . . 1724

Gilles Cotherel, prieur-curé. . . 1724-1726

J.-P. Robert . . . . . . . . . 1726-1727

N... Garnier, prêtre desservant. . 1727-1728

Louis Frappé, desservant. . . . 1729

N... de Nolay, curé. . . . . . 1729-1731

François Gaillard, curé de Saint-Maurice et prieur d'Etusson. . . . . . 1732

Picrre Durand. . . . . . . . 1732-1743
mort à Saint-Maurice, à l'âge de 52 ans.

Pierre Perreau . . . . . . . 1743-1745

R. P. Violleau. . . . . . . . 1745-1773

Jean-Baptiste Jarry, de Nueil-les-Aubiers. . . . . . . . . . 1773-1804
mourut à Saint-Maurice le 17 avril 1804.

Marie-Gabriel-Pierre Berthelot. . 1804-1805

Jean-Baptiste Dujardin. . . . . 1806-1807

Jean-Baptiste-René Jarry. . . . 1808-1830
mort à Saint-Maurice le 7 janvier 1830, âgé de 68 ans.

Louis-Charles Morin . . . . . 1830-1869

Clément Rembur. . . . . . . 1869-1897

Gustave Michaud . . . . . . 1897

TEMPOREL DE LA CURE

Lorsque l'Etat mit la main sur les biens ecclésiastiques, le curé de Saint-Maurice, d'accord avec la municipalité et dans le but de sauvegarder pour des jours meilleurs les dotations faites à l'église, afferma en 1790 toutes les dépendances de la cure, 150 livres par an, pour une durée de trois ans (1).

(1). *Arch. départ. des Deux-Sèvres*, Q. 177. Récepte des biens nationaux, 1re origine.

Ces dépendances nous sont connues par un extrait de l'état de sections de la commune de Saint-Maurice, dressé le 23 prairial, an VI. Dans la 1re section, nro 328 un verger d'une contenance de 5 boisselées ; nro 329, une terre de 7 boisselées ; nro 330 autre terre de 48 boisselées ; nro 331, une terre de 1 boisselée. Dans la 3e section, nro 18, une terre de 24 boisselées et un pré de 9 boisselées ; nro 29, une terre de... (effacé) boisselées ; nro 40 terre de 30 boisselées ; nro 114, terre de 6 boisselées. La 4e section, nro 1, la maison curiale, jardin et cour, 6 boiss. 1/2 ; nro 2, un pré de 8 boisselées ; nro 3, un pré de 1 boisselée ; nro 4 un pré de 5 boisselées ; nro 4 bis, une maison louée avec cour et jardin d'1 boisselée (1).

Sauf la maison curiale avec jardin et cour demeurée à l'Etat à cette époque, le reste des dépendances avait été vendu nationalement le 6 juillet 1792 au citoyen Jacques René Charles Louis Deligny, ci-devant archiviste, demeurant à Thouars, pour la somme de 2.830 livres. Un acte du 4 germinal an IV signé Motheau, receveur du domaine national au bureau d'Argenton nous apprend que les dépendances ainsi aliénées consistaient en maison, grange, 2 jardins, 12 journaux de pré (2), 93 boisselées de terre labourables. La maison est celle de la Rivière Juliot ; elle était occupée par le vicaire. Le pré désigné sous le nro 2 de la 4e section et appelé pré de la cure, d'une contenance de 8 boisselées, pré situé entre la cure et la *Rivière-Juliot* fut contesté au sieur Deligny par la municipalité de Saint-Maurice au début du 19e siècle ; mais les efforts de Croison, maire de Saint-Maurice et ceux de M, Jarry, alors curé, pour faire rendre à la cure ce reste de son ancienne dotation furent inutiles ; un arrêté préfectoral du 29 janvier 1807 déclara que la vente en avait été faite *légalement* et maintint Deligny en possession du pré (3).

La fabrique touchait encore une rente de 50 sols sur une maison au bourg de Saint-Maurice, maison appartenant en 1815 à Louise Biron et vendue par elle à Jean Rousseau. Ce dernier par acte sur papier timbré du 6 mars 1815 reconnait devoir pour sa part le tiers de cette rente soit 13 sols, 4 deniers qu'il s'oblige à payer lui et ses héritiers' par chacun an. Nous avons trouvé dans les comptes de fabrique les preuves du paiement de cette rente jusqu'en 1834.

Les titres des dotations faites à l'église où à la cure avant la Révolution ayant été brûlés pendant les guerres de Vendée, il

(1). *Archives de la Fabrique*. — (2). Le journal de pré, d'après l'usage du pays, valait 3 boisselées. — (3). Papiers de la famille Poulain.

nous est malheureusement impossible de connaître les bienfaiteurs. Dans le principe la dotation de la cure fut certainement assurée par le couvent de la Fougereuse dont la prieure avait droit de présentation pour la cure de Saint-Maurice.

Nous donnons ci-dessous le tableau des biens ecclésiastiques, dans la paroisse, en grain et en argent, en 1788 (1).

| | | | |
|---|---|---|---|
| Les chanoines du Puy-Notre-Dame. | en seigle | 851 | boic. |
| — — | en avoine | 267 | |
| Le prieur d'Etusson. | en seigle | 16 | |
| Les chanoines d'Argenton-Château. | en seigle | 88 | |
| — — | en froment | 18 | |
| Le prieur de la Giraudière, | en seigle | 64 | |
| Le commandeur de Praille. | en froment | 16 | |

En argent

| | | |
|---|---|---|
| Revenus de la communauté de la Fougereuse. | 4.548 | livres. |
| Revenus de la cure. | 900 | livres. |
| Le bénéfice de Saint-Antoine. | 390 | livres. |
| Ceux du prieur d'Etusson, | 90 | livres. |
| Ceux des chanoines d'Argenton. | 520 | livres. |

En parlant de chacun des villages ou fermes de Saint-Maurice nous indiquerons les biens qui fournissaient ces diverses rentes.

Les biens d'église d'après les dénominations relevées au cadastre, 1813.

*Section C dite de la Fougereuse.*

A la fabrique les douets : nro 156 et les nros 324, 323. Le champ de Saint-Antoine nros 357, 358.

*Section E dite de la Ginfardière.*

Pré de la vicairie, nro 37 ; taillis de Saint-Antoine, nros 295, 296.

*Section F de la Groussinière*

Le pré de la chapelle nro 1 ; la bosse du prêtre, 275 ; le prêtre 274.

*Section G... du bourg.*

Le champ des Moutiers près des Moulins 216, et à la Fabrique les nros 152, 154, 155, 157, 173, 174 ; le pré de la cure 230, 231, 232; l'ouche de la frérie 276, la frérie 277, maisons de la cure 288, 289, 290, l'ouche de Saint-Antoine.

(1). *Arch. dép. du Maine-et-Loire*, C. 193.

*Vicaires*

N... Edeline, actes de. . . . . . 1660 et 1664
Pierre Abraham. . . . . . . . 1666
François Cresleau. . . . . . . 1667-1670
A. Tilloy (?) . . . . . . . . . 1671
Jean Lecomte. . . . . . . . . 1674-1682
François Martineau . . . . . 1687-1690
Jean Coeffé. . . . . . . . . . 1692
H. Ménard. . . . . . . . . . 1692
N... Cherpineau. . . . . . . . 1693-1696
François Roulleau. . . . . . . 1696-1699
Geffard . . . . . . . . . . . 1699
H. Papot. . . . . . . . . . . 1699-1701
G. Gaigneau . . . . . . . . . 1702-1706
P. Chollet . . . . . . . . . . 1706
Jean Le Bascle . . . . . . . . 1707
M. Reveillaud. . . . . . . . . 1708
F. Gaillard. . . . . . . . . . 1713
Jean Rousselet . . . . . . . . 1714-1716
F. G. Charlot. . . . . . . . . 1717-1719
N. Hurtaud. . . . . . . . . . 1719-1720
J. Rousselet, chapelain de Saint-Antoine, fait de nouveau fonction de vicaire. . 1720-1721
M. Blanchet . . . . . . . . . 1724-1727
F. de Monicq, prédicateur et vicaire 1730
J. Poupelin. . . . . . . . . . 1732-1739
Pierre Perreau. . . . . . . . 1739-1743
H. M. Bonvalet . . . . . . . . 1745
Michel-Catherine Chauvin . . . 1747
Rullier. . . . . . . . . . . . 1754-1756
P. R. Gritton. . . . . . . . . 1758-1760
Daniel Conran. . . . . . . . . 1761-1763
N... Papin. . . . . . . . . . 1764-1771
N.., Champion. . . . . . . . . 1772
N... Raimond. . . . . . . . . 1772-1779
N... Bernard . . . . . . . . . 1779-1782
N... Turcand. . . . . . . . . 1782-1784
N... Proust. . . . . . . . . . 1784-1788
N... Gasnault. . . . . . . . . 1788
N... Deschamps . . . . . . . . 1789-1790
Jean-Louis Jarry. . . . . . . . 1791-1802

Après une longue interruption, le vicariat fut rétablie en fait en 1866, après avoir été érigé officiellement en 1863.

Philippe Benoit . . . . . . . . 1866-1870
Anatole Burget . . . . . . . . 1870-1872
Pascal Hy. . . . . . . . . . 1874-1880
Ernest Dessus. . . . . . . . . 1881
Marcel Héline. . . . . . . . . 1881-1882

Le vingt-trois novembre 1884, le conseil municipal de Saint-Maurice la Fougereuse votait, à l'unanimité des dix membres présents, la suppression du vicariat (1). Un arrêté du ministre des cultes, du 19 décembre 1885, supprimait l'indemnité annuelle de 450 francs allouée par l'Etat au vicariat de Saint-Maurice, par le motif que « ce poste ne répondait plus aux vœux du Conseil municipal. » (2).

C'est ainsi que, dans un jour d'égarement, des hommes dont la plupart n'étaient animés d'aucune hostilité contre la Religion, portèrent aux croyances catholiques de la très grande majorité de leurs concitoyens un coup funeste et pour longtemps irréparable, en les privant d'un double service nécessité par l'importance de la population et l'étendue du territoire. Les intérêts matériels furent lésés du même coup ; un grand nombre d'habitants, éloignés du centre paroissial, en désapprirent le chemin et s'en allèrent remplir leurs devoirs religieux dans les paroisses voisines, dont ils favorisaient en même temps le commerce, au détriment de Saint-Maurice.

### Temporel du vicariat

La borderie de Rethore *(sic)*, dépendant du temporel du vicariat de Saint-Maurice fut vendue *nationalement* (3) le 24 mars 1791, pour 2.650 livres, à Jean-Baptiste Normandin, tanneur à Argenton-Château et à Gervais Catroux, laboureur à Saint-Maurice.

Une autre borderie, dite du vicariat, au bourg de la Fougereuse fut aussi vendue, le 19 mai 1791, pour 2.900 livres (4) à Claude Gaillard et à Christophe Rochard, demeurant paroisse de Saint-Maurice.

Ces derniers acheteurs furent à la suite des guerres de Vendée

(1). *Arch. com.*, registre des délibérations. — (2). Arch. de la Fabrique. — (3), *Arch. dép. du Maine-et-Loire*, Q, contrats de vente des biens nationaux, 1re origine, I. — (4). Mêmes archives, Q, loco citato, VI.

déclarés déchus de leurs droits, et la borderie de la Fougereuse fit retour au domaine national.

Une estimation en fut dressée le 10 frimaire an IX ; voici la teneur du procès-verbal, rédigé par l'expert Jacques Brun.

*Procès-verbal d'estimation du vicariat de la Fougereuse* (1).

L'an neuf de la République Française une et indivisible et le dixième jour de frimaire.

Je soussigné, Jacques Brun agriculteur demeurant commune de Saint-Cir-la-Lande, expert nommépar arrêté du citoyen Dupin préfet du département des Deux-Sèvres, en date du 11 prairial dernier à l'effet de procéder à l'estimation du domainenationalle si après désigné et confronté, me suis transporté en la commune de la Fougereuse d'aprets avoir reconnu que l'objet n'était pas susceptible de division ait procédé à ladite estimation sur le pied de 1790 et ce en présence du citoyen Croizon, maire de la commune de la Fougereuse ainsi qu'il suit :

1° Le vicariat de la Fougereuse situé même commune (2), consistant en une maison composée d'une chambre, anti-chambre à côté. Le parpin de séparation de la maitresse chambre avec la maison du citoyen Renard dépendant dudit vicariat et le mur de l'antichambre est mutuel, un grenier sur la principale chambre, une autre petite chambre par le derrière qui a été brullée et incendiée, un petit jardin contenant environ une boicelée, joignant au levant à la citoyenne Coquin, et le citoyen Croizon, au midi le chemin du château, au nord le citoyen Renard, estimé de revenu annuel, douze francs, cy... 12 l.

2° Une petite houche contenant environ une boicellée joignant au couchant le chemin de Saint-Paul, au nord les héritiers Devasle, au levant le chemin de Vihée, estimée de revenu annuel vingt sols..., fait 1 l.

3° Trois pièces de terre labourable appellé les houches du vicariat contenant environ vingt-sept boicelée joignante au chemin de Saint-Paul, vers le couchant, et au nord le champ à Biron, estimé de revenu annuel vingt sols la boicelée, fait 27 l.

4° Le grand champ en deux pièces séparée par un faussé contenant environ vingt-six boicellées joignant aux héritiers Biron estimé quinze sols la boicellée., fait 19 l. 10 sols.

(1). *Arch. dép. des Deux-Sèvres*, Q, 37. — (2). Cette maison était sur le chemin qui, de la route stratégique n° 9 (Argenton à Vihiers), conduit au château de la Haye.

5° Le champ des Baritaux contenant environ quinze boicellée joignant au levant le chemin de Vihée, au couchant le pré d'Audbau, estimé vingt sols la boisselée, fait 15 l.

Total 74 l. 10 sols.

De tout quoy ai fait et rédigé le présent procès-verbal que j'affirme sincère et véritable en mon âme et conscience après avoir oppéré pendant un jour assisté dudit citoyen Croizon qui a signé avec moi.

Brun *expert.* — Croison *maire.*

Après la réorganisation du culte en 1801, l'Etat restitua cette borderie à la fabrique de Saint-Maurice qui se vit contrainte de l'aliéner pour faire face aux dépenses de reconstruction de l'église, en 1848. Un décret du général Cavaignac, alors chef du pouvoir exécutif, autorisa le 18 septembre 1848, la fabrique de Saint-Maurice à vendre cette borderie qu'elle possédait « de *temps immémorial* », d'une contenance totale de 5 hectares, 86 ares, 56 centiares ; la borderie fut vendue en détail pour la somme de 9.950 francs, le 23 novembre 1849 (1).

Les maisons de la *Rivière-Juliot*, qui appartenaient à la cure, sont appelées maison *du vicariat*, parce que le vicaire y faisait sa résidence.

## Chapelle Saint-Pierre de Beaurepaire

La maison noble de Beaurepaire située sur la paroisse de Cléré a sa chapelle sur la paroisse de Saint-Maurice. Au milieu du 17e siècle (2), ce domaine appartenait à Isaac Fouquet de Beaurepaire dont la femme, Anne Gaschignard, faisait une dotation à l'église de Cléré, en 1641.

La première permission de chapelle concédée à la famille Piet de Beaurepaire est du 16 novembre 1694 et fut accordée par Mgr de Baglion de Saillant (3).

Les registres paroissiaux de Saint-Maurice mentionnent pour la première fois en 1723, Alexandre, Charles, Hilaire Piet, chevalier de Beaurepaire. Une de ses filles, Marie, Victoire, Anne, Thérèse, Catherine Piet de Beaurepaire reçut le supplément des cérémonies du baptême le 25 juin 1743, par permission de l'évêque de la Rochelle, dans l'église des Dames de la Fouge-

(1). Archives de la Fabrique. — (2). *Arch. dép. de Maine-et-Loire*, G. — (3). Arch. de l'évêché.

reuse ; elle eut pour marraine madame Marie Victoire de Gouffier, prieure de la Fougereuse.

Cette famille perdit sept de ses membres pendant les guerres de Vendée.

Une partie de son domaine s'étend sur la paroisse de Saint-Maurice. Avant la confiscation des biens de la communauté de la Fougereuse en 1791, La Brosse ou Brousse de Saint-Maurice devait de cens chaque année au prieuré de Fougereuse deux cents francs (1), acquittés par M. Piet de Beaurepaire.

### Chapelle de Gué Valleau

Cette chapelle sous le vocable de Notre-Dame de la Salette a été construite par la famille Guéneau, dans la première moitié de ce siècle. Elle a été relevée de ses ruines par les soins et par la générosité de Augustine Mahy, veuve Humeau. On y va en pélérinage pour les enfants.

### Chapelle de l'Arceau

Cette chapelle, qui s'élève au centre de l'arc formé par la configuration du terrain, est aujourd'hui dédiée à Saint-Joseph. Elle eut longtemps pour tout ornement un modeste tableau représentant la Descente de Croix. Existait-elle avant la Révolution, on l'ignore ; ce qui est certain, c'est qu'elle a été ou édifiée ou restaurée en 1818. Elle devrait cette restauration à la générosité des meuniers, ses voisins. On y vient en pélérinage pour les personnes en danger de mort. S'il faut en croire la légende, l'Arceau serait au mardi gras le rendez-vous des chats.

### Chapelle Sainte-Anne

Cette chapelle était située dans l'ancienne église paroissiale, sur l'emplacement du bras gauche actuel ; c'était la chapelle seigneuriale. Elle était à la charge de madame la prieure de la Fougereuse, dame du lieu (2).

Un tableau représentant Sainte-Anne s'y voyait encore il y a quelques années.

(1). *Arch. dép. de Maine-et-Loire, H, prieuré de Fougereuse*, registre des receptes de 1781, I. — (2). *Arch. dép. de la Charente-Inférieure*, G. 53.

## CHAPELLE DE GRACE

Elle fut fondée par Guillaume Bry et avait pour patron l'évêque de Maillezais. Le Pouillé de Gervais Alliot (1) lui donne un revenu de cent livres en 1648.

D'après les visites de Monseigneur de Menou, 20 septembre 1739, la chapelle de Notre-Dame-de-Grâce, située au village de Grâce, à un quart de lieue de l'église paroissiale était chargée de deux messes par semaine, acquittées par le vicaire de la paroisse ; elle valait alors 90 livres environ et était unie au vicariat.

Le procès-verbal constate que la chapelle est bien tenue et fournie de tous les ornements, vases sacrés et autres choses nécessaires pour dire la messe (2).

Les mauvais jours de 1793 n'épargnèrent pas l'humble édifice qui fut incendié par les hordes de Grignon. La chapelle s'élevait dans le petit pré qui fait aujourd'hui l'angle de la route de Vihiers et de l'ancien chemin de Grâce à la Fougereuse, débouchant aux Moulins.

L'entretien de cette chapelle était à la charge de madame la prieure de la Fougereuse (3).

La dévotion à Notre-Dame-de-Grâce serait originaire de l'Orient. En 1440, un prince de l'Eglise, à Rome, fit don à Furcy de Bruille chanoine de Cambrai, de l'image de Notre-Dame-de-Grâce, qui venait d'être apportée de Constantinople. Le culte de cette image se répandit rapidement. Une chapelle de ce nom, élevée en 1440 à Exireuil, aux portes de Saint-Maixent, existe encore aujourd'hui (4).

## CHAPELLE SAINTE-EMMÉRANCE

Cette chapelle était située à la Fougereuse dans l'enclos de la maison du Bon-Conseil et servait aux pensionnaires du couvent; elle fut vendue avec les bâtiments qui l'entouraient, le 5 septembre 1792, pour 85 livres, au citoyen Jacques Deligny. Chapelle et bâtiments furent brûlés en 1794 et revendus en 1802 par Deligny à M. Julien Catroux (5) ; l'acte de vente porte que la chapelle Sainte-Emmérance est en masure. Les restes ont été convertis

(1). *Bibl. nat.*, I, 35. — (2). Arch. de l'évêché de Luçon. — (3). *Arch. dép. Charente-Inférieure*, G. 53. — (4). *Semaine religieuse de Poitiers*, 4 février 1900. — (5). Papiers de Me Ve Rambaud.

en écurie ; l'entrée subsiste encore dans les dépendances de l'habitation de la famille Rambaud.

Un tableau représentant Sainte-Emmérance, vierge et martyre, sauvé de l'incendie de la chapelle, fut donné à l'Eglise paroissiale par M. Catroux et placé au-dessus du petit autel de gauche, qui à dater de cette époque prit le nom d'autel de Sainte-Emmérance (1). Le 6 mai 1809, les Fabriciens préoccupés d'orner l'Eglise arrètent « que le tableau représentant Sainte-Emmérance sera fait à neuf ». C'est celui qui se voit encore au-dessus des gradins de l'autel.

On avait jadis dans le pays une grande dévotion pour cette sainte, qui était implorée contre la colique ; elle avait aussi une chapelle, à la Gaucherie de Montilliers. Dans une étude publiée par la *Revue de l'Anjou*, en 1852, M. Pavie rappelle comment Louis XI apprit le pouvoir attribué à Sainte-Emmérance contre la colique.

L'ancienne chapelle placée à la Fougereuse sous son vocable était à la charge de madame la prieure de la Fougereuse (2).

## Chapelle du chateau de la Haye

Cette chapelle située dans le château et appelée la chapelle de la Haye valait environ 40 livres de rente et était chargée de deux messes par semaine ; elle était à la présentation de M. de la Haye de Bernabé. Le procès-verbal de Monseigneur de Menou, du 20 septembre 1739, relate que la chapelle est bien tenue et fournie de tous les ornements, vases sacrés et autres choses nécessaires pour dire la messe.

L'inventaire du château de la Haye et de ses dépendances, dressé le 13 décembre 1790, nous donne ces détails sur le mobilier de la chapelle (3).

« Un devant d'autel, peint sur coutil, encadré de bois, deux petits à côté, trois cadres estimés ensemble *3 livres ;* un ornement complet d'étoffe de soye garni de dentelles d'or vrai et faux, estimé *12 livres;* trois cartes (canons d'autel) à cadre doré estimé avec le missel et porte-missel *6 livres ;* quatre vases de fayence et deux chandeliers de potin *6 livres ;* nape du principal autel et les deux des deux autres petits autels, garnies de dentelles, l'amit, l'aube, le cordon avec la couverture d'indienne, *16 li-*

(1). Arch. de la Fabrique, et procès-verbal de consécration de l'Eglise. — (2). *Arch. de la Charente-Inférieure*, G. 53. — (3). *Arch. dép. du Maine-et-Loire*, E, 1570.

*vres ;* douze petits cadres et reliquaires servant à orner la chapelle, avec des rubans dorés, *12 livres* ; trois autres ornements complets dont un violet, un verd, un noir avec les corporaux, purifications et palles, *40 livres* ; six nappes d'autel, une autre de dentelle, un surplis, trois aubes, garnies de leurs dentelles, *30 livres*; Trois rideaux de croisée de toile et dentelle, *12 livres*; Une autre nappe d'autel et une autre aube avec coussins et une chaise en forme de Prie-Dieu, *10 livres*. »

La chapelle fut brûlée avec le château, au mois d'avril 1793. Cette chapelle et la stipendie de Saint-Antoine étaient desservies par le même chapelain.

## Chapelle ou Stipendie de Saint-Antoine

Cette chapelle, désignée sur la carte de Cassini, fut brûlée en 1794 ; elle s'élevait dans l'emplacement des bâtiments occupés aujourd'hui par la famille Frouin.

Primitivement placée sous le vocable de Notre-Dame-de-Pitié, comme le constate l'inventaire du château de la Haye du 13 décembre 1790 (1) (25e boîte, 2e armoire renfermant les actes se rapportant à la chapelle Saint-Antoine « qui s'appelait anciennement chapelle de Pitié »), cette chapelle fut destinée au service de la Maladrerie de la Fougereuse (2).

Cette pieuse fondation pour les personnes atteintes d'un mal contagieux aurait été faite par le seigneur de la Fougereuse à l'occasion d'une peste qui décima la contrée, à une époque que le défaut de documents nous empêche de préciser.

A quelle date faut-il placer son changement de vocable ? Très probablement à la suite des guerres de religion du 16e siècle. La lachapelle fut brûlée par les bandes protestantes qui dévastaie le pays. Le Pouillé de Gervais Alliot, 1648 (3) nous apprend que la chapelle Saint-Antoine de la Fougereuse, fondée dans le bourg par Ogier, seigneur de Charein ? avait pour patron les descendants du fondateur et jouissait de cent livres de revenu.

Le même Pouillé rappelle que la Maladrerie était de fondation commune et non de fondation royale ; son patron était l'évêque de Maillezais.

Il est bon de redire que les hospices et hôpitaux sont une création de la charité chrétienne. « L'antiquité, dit Chéruel, (4)

(1), *Arch. dép. de Maine-et-Loire*, E, 1570. — (2). Le culte de Notre-Dame de Pitié jouissait d'une grande vogue au 15e siècle. *Revue d'Arch. Poitevine*, juillet 1897. — (3). *Bibl. nat.*, *Pouillé général des évêchés et abbayes*, I, 29. — (4). *Dict. hist. des institutions de la France*, II, art. hôpital.

n'avait pas d'hôpitaux où les malades fussent soignés au frais de l'Etat. » Il est peu de seigneuries importantes qui n'établissent au moyen-âge des aumôneries, maladreries ou hôpitaux qu'on se plaît à doter généreusement.

A la fin du 17e siècle une ordonnance de Louis XIV réorganisa ces établissements hospitaliers. Les aumôneries, maladreries qui avaient été ruinées par les guerres de religion ou qui n'avaient plus leur raison d'être furent supprimées ; leurs biens, leurs revenus furent reportés sur les hôpitaux plus considérables des villes. L'hospice d'Argenton-Château, fondé en 1695 par Claude Elzéar de Châtillon, seigneur d'Argenton, reçut ainsi l'apport des revenus des aumôneries voisines.

Une partie des rentes de la maladrerie de Fougereuse lui fut adjugée ; nous en trouvons la trace dans un bail des revenus de la chapelle Saint-Antoine (1), passé chez Gendron, notaire à Vihiers, le 9 novembre 1785. 40 francs de rente, entre autres, étaient dûs par la famille Bernabé de la Haye, de qui dépendait alors la chapelle. Une autre partie constitua le bénéfice ecclésiastique de Saint-Antoine.

Le procès-verbal des visites de Monseigneur Roch de Menou, du 20 septembre 1739 (2), indique 200 livres de revenu pour la chapelle Saint-Antoine. Trois messes par semaine y devaient être acquittées par un chapelain qui était à la présentation de M. de la Haye de Bernabé.

Ce chapelain desservait en même temps la chapelle domestique du château de la Haye. La visite de Monseigneur de Menou déclare la chapelle bien tenue et fournie de tous les ornements, vases sacrés et autres choses nécessaires pour dire la messe.

D'après le tableau des revenus des biens ecclésiastiques de la paroisse de Saint-Maurice la Fougereuse, en 1788, le bénéfice de Saint-Antoine figure pour 390 livres en argent (3). Quelques dénominations de champs ou bois rappellent encore sur le plan cadastral les biens de ce bénéfice ; section C, le champ de Saint-Antoine 357, 358 et section E, taillis de Saint-Antoine 295, 296.

L'ancien cimetière de la maladrerie devint le tombeau de famille des Bernabé de la Haye (4).

(1). Archives de l'hospice d'Argenton-Château. C'est en souvenir, sans doute, des revenus de l'ancienne Maladrerie de la Fougereuse, reportés sur l'hôpital d'Argenton, qu'une décision préfectorale du 22 germinal an XI accorde un lit à l'hospice d'Argenton pour la commune de Saint-Maurice. — (2). Arch. de l'évêché de Luçon. — (3). *Arch. dép. de Maine-et-Loire*, C. 193. — (4). Registres paroissiaux.

Là furent enterrés Sébastien Bernabé, écuyer, seigneur de la Boullaye et de la Haye Fousgereuse, décédé le 17 juillet 1632 ; Louis de Bernabé, le 10 juillet 1698 ; Gabriel de Bernabé, clerc ayant les quatre moindres, le 23 septembre 1706 ; Antoine de la Haye, chevalier des ordres royaux de Notre-Dame de Mont-Carmel et de Saint-Lazare de Jérusalem, le 30 mai 1716 ; Marie Louise de Giliers, veuve de Louis de Bernabé, le 11 septembre 1716 ; Joseph de Bernabé, le 29 avril 1733.

Après la vente du château de la Haye Fougereuse et du domaine qui en dépendait, en 1857, les ossements des Bernabé, inhumés à Saint-Antoine, furent exhumés et portés au cimetière actuel, donné d'ailleurs à la commune de Saint-Maurice par le baron Charles, Alexis, Thomas de Bernabé. Ils y reposent sous la pierre tombale de Sébastien Bernabé. La concession gratuite du champ devenu le cimetière fait espérer que cette tombe sera respectée par la municipalité de Saint-Maurice.

Il ne reste plus rien de l'antique chapelle que le souvenir de son nom. Beaucoup de personnes se rendent encore cependant sur son emplacement pour y invoquer Saint-Clodoald (Saint-Cloud) qui avait sa statue dans cette chapelle.

Chapelains de Saint-Antoine et de la Chapelle du château de la Haye-Fougereuse, d'après les registres paroissiaux de Saint-Maurice et d'Etusson.

Michel Papin. . . . . . . . . 1658
S. Bureau. . . . . . . . . . 1660
François Gresleau. . . . . . 1670
Antoine Bérard. . . . . . . . 1671
Joseph Prudhomme. . . . . . 1678-1689
Ch. Martineau. . . . . . . . 1707-1709
François Papaut, s[r] de Champeau, mort le 12 avril 1712.
F. Sapinault. . . . . . . . . 1716
Jean Rousselet. . . . . . . . 1716-1722
Nicolas de Vexiau. . . . . . 1723-1750
Joseph Macé. . . . . . . . . 1750-1764
Patrice Buteley, inhumé le 10 septembre 1779, est dit originaire du diocèse de Terray en Irlande, oriundus diocesis Terrensis in Hibernia.

## CHAPITRE II

### L'ORGANISATION FÉODALE ET JUDICIAIRE

La terre de la Fougereuse est en 820 entre les mains de Guydo de Fulgerosa. L'acte de fondation du prieuré de Sainte-Marie-Madeleine par ce seigneur mentionne formellement que Guy de la Fougereuse abandonne à sa fille Avoie et à son monastère tous les droits qu'il possède sur cette terre « in primis, merum ac mixtum imperium dicti loci », droits qu'il déclarait tenir de Thierry, comte d'Anjou, en raison du château d'Angers (1). Cette concession féodale institue la prieure *dame de la Fougereuse*.

Les seigneurs voisins, ceux de la Haye et du Merle entre autres, profitant des troubles occasionnés par les guerres religieuses du 16e siècle, voulurent plus tard contester ces droits ; mais un arrêt du Parlement de Paris du 25 mars 1619 maintint la prieure en possession d'avoir tout droit de justice, haute, moyenne et basse au prieuré et bourg de la Fougereuse (2).

Dans la déclaration des biens du prieuré que Marie, Anne, Françoise Tuffin de la Royrie faisait au clergé de France, en 1728, le don de la Fougereuse en 820 est rappelé « avec le titre de seigneur de la paroisse fondateur et patron de l'église paroissiale dudit lieu, avec tous droits de haute, moyenne et basse justice, qui depuis (en 1619) a été érigée en titre de Châtellenie avec droit de création d'officiers et d'exercice d'une jurisdiction contentieuse dans l'étendue du temporel dudit prieuré...»

La paroisse de la Fougereuse était en outre le siège de trois châtellenies, réunies en baronnie, en 1654, par le roi Louis XIV

(1). *Arch. dép. d'Ille-et-Vilaine*, 2 H. 2,69. — (2). D. Fonteneau, XXVI, 757. — (3). *Arch. depart, de la Charente-Inférieure*, G. 53.

sous le nom de la Haye-Fougereuse; ces châtellenies étaient celles du Merle, du Fief l'évêque et de la Haye.

## I

### Chatellenie du Merle

Elle avait son siège dans un champ sis à l'*est* du prieuré et presque contigu à son enclôture. Le plan cadastral (1) le désigne sous la dénomination de cour au merle, (n[ros] 23, 24, 25, 26 et 27) ; la prononciation locale dit toujours Courte au Merle. C'est là, croyons-nous, qu'il faut placer l'habitation des premiers seigneurs de la Fougereuse. Le vocable de Curtis indique un établissement Franc, et d'autre part le voisinage du Vieux Leu nous donne le droit d'assigner à cet emplacement ce qu'un acte du 12e siècle concernant le prieuré appelle la vieille Fougereuse « veterem Fogerosam. »

La tradition locale affirme que le couvent fut fondé par un seigneur en faveur de sa fille unique qui voulait entrer en religion. Pour ne pas l'éloigner de lui, ce seigneur aurait fait construire un monastère sur ses terres et proche de son château. L'acte de fondation confirme et précise la tradition ; c'est donc au Merle qu'aurait habité Guy de la Fougereuse ; le vieux château était entouré de douves qui ne subsistent plus que du côté *Nord* sous le nom de réservoirs ; les soubresauts du sol permettent de déterminer le plan des constructions formant un carré.

Ruiné pendant les guerres anglaises de cent ans, le manoir a disparu ; seule, une cheminée en granit se dresse au milieu du champ, bravant les injures des siècles et les intempéries des saisons. La singularité de cette cheminée isolée, sa forme étrange l'ont fait désigner dans le pays sous le nom de *cheminée du diable*. Si vous croyez aux légendes, n'arrachez pas une pierre à cette ruine, elle y serait reportée par quelque lutin malfaisant dès la nuit prochaine et le malheur vous poursuivrait. Cela est arrivé à d'autres imprudents, et dans la nuit on entendit les lavandières qui à grands coups de battoir lavaient leur linceul dans les douves.

La carte de Cassini indique la chatellenie du Merle, et dans

(1). Section C, la Fougereuse.

la première moitié de ce siècle une belle allée, connue sous le nom d'allée des Charmilles, venant du château de la Haye, bordait encore à l'ouest les ruines du château.

Cette chatellenie était poitevine et régie par la coutume du Poitou ; elle relevait du duché de Thouars à hommage lige.

Suivant les titres conservés au chartrier de Thouars (1), le Merle Fougereuse « a été possédé en premier lieu par Mre Regnault de Vivonne à cause de dame Catherine de la Haye, sa femme, qui en a rendu l'aveu le 2 janvier 1414 ; en second lieu par Mre Louis de Beaumont qui en a rendu l'aveu le 2 avril 1443 ; en troisième lieu par Mre Thibault de Beaumont qui en a rendu l'aveu le 14 février 1497 ; en quatrième lieu par Mre François de Beaumont qui a vendu cette châtellenie à Mre Claude Gouffier, comte de Caravax, le 31 août 1541 ; en cinquième lieu par ledit Gouffier qui en a rendu l'aveu le 9 avril 1545 ; en sixième lieu, par M. Louis Gouffier, duc de Rouannais, qui en a rendu l'aveu 15 juillet 1600. Depuis ce temps, cette châtellenie a été possédée par M. Louis Bernabé, sieur de la Boulaye, qui en a fait l'hommage les 18 novembre 1672 et 21 novembre 1676, et enfin cette châtellenie de Merle Fougereuse est maintenant possédée par M. Alexis, Joseph de Bernabé qui en a fait l'hommage, le 25 juin 1745. »

Avec ces titres énumérés dans l'inventaire dressé en 1746, les archives du château de Thouars possédaient encore (2) une procuration de dame Catherine de la Haye à Jean Barret pour faire l'hommage dudit Merle, du 18 Juin 1431 ; le bail des fruits du Merle Fougereuse du 2 mai 1442 ; le contrat de vente du Merle, le 31 août 1541 ; une procuration de Louis Gouffier à François Camus pour faire l'hommage dudit Merle, du 9 juillet 1638. Parmi ces pièces figure aussi un aveu rendu à Louis de Beaumont, le 10 mars 1456, par Guillaume Tissault, « pour raison de la sergentise dudit Merle Fougereuse. »

« Cette châtellenie annexée à la baronnie de la Haye Fougereuse étendait sa juridiction sur la plus grande portion de la paroisse de Genneton ; le bourg en son entier, les villages des Rigallaux ; le bas-Genneton, les bois Esnons, la grande et petite Guiche, la Guillonnerie, la Coulbaudrie, la Villefleurie, les Tiffaux, la maison blanche, la Ferchauderie, Le Marchais long, Grenouillon, La Boisochère, La Bourdinière, la maison et Moulin

(1). Inventaires des Fiefs réunis au château de Thouars, archives de M. le duc de la Trémoille. — (2). Armoire 2, boëte 17, liasse 1,

de l'étang vieux, les Renaudières, Chamboureuil, l'Asnerie, Massifrotte, et le bordage de l'étang de Maumusson (1) ».

Le Merle appartint peut-être originairement à la vieille famille du Merle, de souche normande. La dernière de ce nom, Agnès du Merle porta les biens de ses ancêtres dans la maison d'Orléans Longueville ; Louis de la Haye-Passavant, en épousant Marie d'Orléans, fille du comte de Longueville aurait ainsi obtenu en mariage le Merle Fougereuse.

## II

### Chatellenie du Fief l'Évêque

Ce fief qui plus anciennement portait le nom de Fief Franc relevait de la baronnie de la Chassée, aux Aubiers et par elle de Celle l'Evescault, membre dépendant de l'évêché de Poitiers. La Fontenelle de Vaudoré place le domaine utile de ce Fief à Nueil-les-Aubiers et l'un des chefs-lieu de la Seigneurie à la Mothe, dans la ville de Mauléon (Châtillon-sur-Sèvre) (2) ; d'après M. Ledain, c'est à Etusson que se trouvait le domaine utile du Fief-l'Evêque (3).

Dans une note ajoutée par les officiers du duché de Thouars à la copie d'un jugement rendu par le parlement de Paris le 26 mars 1619, le fief l'évesque est dit relever à hommage lige de la baronnie de la Chassée et non pas à hommage plain « ainsi que le père dudit sieur de la Haye a fait son hommage par surprise, n'étant même qu'un simple fief où il n'y a que quatre à cinq hommes et non aucune rente courante et sans aucun fief que sa féodalité sur lesdits hommes. » (4).

Quoi qu'il en puisse être de son importance sur le territoire de la Fougereuse, le fief l'évesque y avait un de ses chefs-lieux, qui dans le principe dut être au Vieux Leu ou Alleu (all od, terre pleinement possédée), ce qui expliquerait son ancien nom de Fief Franc (5). Cette châtellenie comme celle du Merle était Poitevine et régie par la coutume du Poitou.

Le Fief l'évêque était en 1307 à Maurice de Belleville.

(1). *Mémoires de la Société des Antiquaires de l'Ouest*, 1re série, XI, 440. *Mémoire sur les justices du Poitou*, par M. Beauchet-Filleau. — (2). Philippe de Commines en Poitou. — (3). *Paysages et Monuments du Poitou*, Argenton. — (4). D. Fonteneau, XXVI, 757, pièce copiée par lui au château de Thouars. — (5). On trouve sur Etusson les villages du Grand-Lieu, du Petit-Lieu et du Haut-Lieu.

D'après une coutume très ancienne, lorsque les évêques de Poitiers prenaient solennellement possession de leur siège, il était d'usage qu'ils fussent portés depuis l'église de Notre-Dame jusqu'à la Cathédrale par les quatre premiers barons du Poitou qui étaient les seigneurs de Luzignan, de Parthenay, de Chatellerault et du Fief l'évêque. Comme ces barons possédaient des fiefs sous la suzeraineté de l'évêché de Poitiers, c'était à titre de vassaux qu'ils rendaient cet hommage aux évêques, lors de leur installation. Après le repas qui suivait la cérémonie, l'usage voulait que le seigneur de Parthenay eut les nappes et la coupe dont s'était servi le prélat, le seigneur de Châtellerault avait les deux bassins d'argent où il s'était lavé les mains ; celui du Fief l'évêque deux autres bassins d'argent qui avaient contenu les mets. Enfin au seigneur de Luzignan revenait en partage le cheval de l'évêque. (1).

C'est en vertu de cette coutume que le 7 mai 1307, Guillaume VI l'archevêque, Guy de Lusignan, Jeanne vicomtesse de Châtellerault et Maurice de Belleville portèrent le nouvel évêque de Poitiers, Arnault d'Aux, depuis Notre-Dame jusqu'à la Cathédrale, au milieu d'une grande affluence de clergé et de peuple (2).

Une transaction et un accord eurent lieu en 1377 entre Bertrand de Montmont, évêque de Poitiers et noble et puissant seigneur de Laval et Châtel-Briant, lequel dit de Laval soutenait qu'à cause de sa femme Louise de Châtel-Briant et pour raison du Fief l'évêque, lui appartenait toute la vaissèlle qui avait servi au repas de joyeux avènement dudit seigneur l'Evêque et pour l'avoir porté avec trois autres seigneurs depuis l'église Notre-Dame la Grande jusqu'au grand autel de l'église de Saint-Pierre (3).

Jehanne de Belleville en épousant Olivier de Clisson lui avait apporté en mariage le Fief l'évêque. Le mercredi 24 juillet 1387, Olivier, sire de Clisson et de Belleville, connétable de France et seigneur du Fief l'évêque rendait hommage pour raison de ce fief à Simon de Cramaud, évêque de Poitiers (4). Cette pièce est extraite du Grand Gauthier, folio 28, recto.

Jean de Bretagne, comte de Penthièvre, vicomte de Limoges, donne en 1392 sa procuration pour rendre le même hommage (5). En 1415, la dame de Clisson, vicomtesse de Limoges rend

(1). Joseph Auber, manuscrit de 1673, cité par B. Ledain, la *Gâtine hist. et mon.*, p. 122, 123. — (2). D. Fonteneau, III, 445. — (3). *Arch. dép. de la Vienne*, G. 154. — (4). D. Fonteneau, III, 589. — (5). *Arch. de la Vienne*, G. 154.

par procuration foi et hommage lige pour le fief l'évêque; en 1453, Nicolas Acton, fondé de pouvoirs de Jean de la Brosse, comte de Penthièvre, rend l'hommage à M. l'Evêque de Poitiers, patriarche d'Antioche; en 1487, dame Nicole de Bretagne, comtesse de Penthièvre, vicomtesse de Limoges et Jean de la Brosse son fils vendent à François du Bouchet, chevalier, seigneur du Puygreffier, la Chaussée, etc... la rente constituée de 200 l. tournois qu'ils assignent spécialement sur la terre et seigneurie du Fief l'évêque, dont ils cèdent la jouissance audit du Bouchet pour lesdits 200 l. de rente, etc... avec droits de réserve pour 5 ans. En 1489 et en 1497 la terre et seigneurie du Fief l'évêque fut saisie féodalement pour hommages non faits. Mre Jean du Bouchet rendit hommage à l'évêque de Poitiers, alors à l'abbaye de Saint-Jouin ; cependant le comte de Penthièvre en avait fait l'hommage en 1492.

Hélène de Chambes acheta le Fief l'évêque à René de Penthièvre, son gendre. Ce fief passe ensuite aux Gouffier; ils en font l'hommage le 20 avril 1606 ; le 12 octobre 1634, la Cour des Grands Jours de Poitou donna l'ordre d'informer contre Jacques Nolin, fermier des terres de la Fougereuse et de la Chaussée, accusé par Louis Gouffier, duc de Roannais, pair de France, son maître, *d'avoir chassé à toutes sortes de bestes.* Le 27 juillet 1720, hommage lige au devoir d'un besan d'or, abonné à 6 livres à mutation de seigneur et d'homme est rendu par Pierre, Marc, Antoine Gouffier, marquis de Boisy, baron des baronnies du Fief l'évêque ou fief Franc, la Chassée, les Aubiers, etc., relevant de Celle l'évescault, membre dépendant de l'évêché de Poitiers.

Le fief l'évêque *de la Fougereuse* est en 1371 à Vincent de la Haye, chevalier, sire de la Fougereuse et du fief l'évêque ; cette famille semble avoir été la première en possession du Fief l'évêque *de la Fougereuse* (2).

En 1450, Catherine de la Haye, dame de la Foulgereuse, donnait au vicomte d'Etampes un dénombrement de sa terre et seigneurie *du lieu et paroisse de Saint-Nicolas du Châtellier et d'Ulcot,* près la Fougereuse.

En 1514, René du Bellay, héritier des la Haye par les Beaumont, donnait procuration pour hommage au fief l'évêque d'une partie de la châtellenie et seigneurie de la Fougereuse (3).

A la fin du XVIe siècle cette partie du Fief l'évêque est aux

(1). *Soc. de stat. des 2-Sèvres,* registre des Grands jours de Poitou. — (2) *Arch. hist. du Poitou,* XII. — (3). *Arch. de la Vienne,* G. 154.

Bernabé acquéreurs de la châtellenie de la Haye, les Bernabé, créés barons de la Haye par Louis XIV, achetèrent le 14 août 1784 la baronnie de la Chassée d'où relevait le Fief l'Evêque. Nous avons vu que les Gouffier en étaient encore possesseurs en 1720. Ce fut M. de Pimodan qui la vendit à M. et à Madame de la Haye, en 1784.

L'évêque de Poitiers veillait à la conservations de ses droits, il fit réclamer l'hommage aux nouveaux acquéreurs.

Le 21 novembre 1786, le baron de la Haye priait l'évêque de Poitiers de lui donner le loisir de dépouiller son trésor pour vérifier si la terre de la Chassée, érigée en Châtellenie, le 25 juin 1576, relevait de la baronnie de l'Evescault. Dans la contrée, de nombreuses terres étaient de la mouvance du fief l'évêque, à Moutiers, Etusson, etc. ; la seigneurie de Somloire en dépendait aussi. Le Fief Franc fut imposé de 500 livres en 1434 ; de 500 livres en 1436 ; de 40 livres en 1446 ; de 200 livres en 1447 (rôle des tailles du Poitou (1).

La Châtellenie du Fief l'évêque de la Fougereuse s'étendait sur les paroisses d'Ulcot et de Genneton. Sur cette dernière : le Bossuet, Saint-Nicolas, le Repenoux, la maison et moulin du Repenoux, les Ripaudières, la Grande et petite Forest, le bordage de la Folie autrement Britois, la Puchottrie, la Rigaudrie, le Bouillon, la Poullerie, la Rablerie, les Vattans, les Bessons, le Puysalé, Laumellerie et le bordage des Landes (2).

Un aveu du 5 août 1726, rendu par Charles, Amable Maubet, curé d'Ulcot, rappelle que la fondation et création de l'Eglise et de la cure d'Ulcot est du fief l'évêque (3).

## III

## Chatellenie de la Haye-Fougereuse

La Haye-Fougereuse (Agia Faugerosa, dict. Dufour) était une terre Angevine et relevait de la sénéchaussée de Saumur ; elle était régie par les coutumes d'Anjou ; elle avait son siège au château de la Haye.

Ruiné par les anglais comme le Merle-Fougereuse, le château fut reconstruit au 15e siècle et de nouveau brûlé au mois d'avril 1793 par les soldats de Gauvilliers et de Charleri qui le mirent au pillage (4).

(1). *Mémoires des Antiquaires de l'Ouest*, 2e série, II. — (2). Mêmes mémoires, 1re série, XI, 440. — (3). *Arch. dép. du Maine-et-Loire*, E. 1570.— (4). *Hist. de la Vendée militaire*, Crétineau-Joly, I, 76.

L'inventaire dressé le 13 décembre 1790 pour les enfants mineurs de dame Anne, Marie-Joséphine Walsh, veuve de Marie, Alexis de Bernabé « ci-devant chevalier, baron de la Haye-Fougereuse et de la Chassée » nous fait connaître l'état du château et ses dépendances à la veille de l'expropriation par la Révolution. Cet état comprend 53 n[ros] pour le château et la métairie de la Gaignerie (aujourd'hui détruite) (1).

« En bas, le salon, une chambre, la salle, la chambre de madame de la Haye et un cabinet ; au-dessus de ce cabinet une petite chambre haute et une autre chambre sise au-dessus de l'office. En bas, à partir du salon, une chambre avec un cabinet, suivie de 3 autres chambres, la dernière avec un cabinet, et 2 chambres neuves avec cabinet. En haut, la première chambre du corridor, appelée la chambre du cuisinier, plus 5 autres chambres à la suite.

De l'autre côté de la cour, chambre appelée la chambre de *de Saint-Amand*, suivie d'une autre chambre. La laiterie est à la suite, un vestibule et le trésor.

Dans le pavillon, une chambre, puis la chambre du jardinier, une autre chambre et celle du palfrenier.

Revenus au corps du logis les experts visitent une chambre située au-dessus de celle appelée *chambre de Saint-Gervais*, une chambre servant de garde-meubles, la chambre du boulanger et la boulangerie.

Retournés au corps principal du château, ils visitent une chambre proche la cuisine, la cuisine, la dépense, un appartement derrière la cuisine, l'écurie ; puis l'office, les caves et les toits.

L'argenterie se composait de 23 couverts, 5 grandes cuillères, 2 porte-huiliers, 2 moutardiers, 4 petites salières, 2 grandes, 1 cafetière, 12 cuillers à café et 2 à moutarde, un calice et une patène.

Après ce constat les experts passent à la chambre servant de palais à ladite justice, visitent les greniers, la remise et la grange; ils signalent deux bateaux plats dans les fossés autour du château.

Le mobilier de la chapelle est inventorié, puis le linge, les greniers, la bibliothèque, la métairie de la gaignerie et la chambre où sont les effets (2).

(1). *Arch. dép. du Maine-et-Loire*, E, 1570. — (2). Nous avons donné l'inventaire du mobilier de la chapelle dans le chapitre de l'organisation ecclésiastique.

Les domaines du château sont indiqués dans l'ordre suivant : Les métairies des Brandes, du Haut-Plessis, de la Barauderie, de Villeneuve, de Saint-Nicolas, du moulin de la Haye : Les maisons de Saint-Antoine, les Valtons, le Puy-Salé, la borderie de la grande Forest, celle du Rossignol ; plusieurs maisons à la Fougereuse ; les Ripaudières, la Turlais, la gaignerie de l'étang de la Verderie, le Repenou, le grand Repenou, l'Epronnerie, le petit bois d'Ulcot.

Outre ces domaines, de nombreuses rentes étaient dues au château : 32 livres échues à Noel 1790 pour 16 années de rente de 2 chapons due sur *le vivier de la cure* par le sieur Jarry, curé de la paroisse ; 54 livres, 10 sols dues par la Fabrique pour 20 années échues au terme dernier de la rente de 2 chapons, 2 poules due sur la chapelle Sainte-Barbe ; 13 boiceaux de seigle et 5 sols pour les possesseurs du tènement de la Herse ; 13 livres, 15 sols pour le tènement des Poitevinières (rente de 5 années de 15 sols et 2 chapons) ; diverses autres rentes sur une maison et un jardin au bourg de Saint-Maurice, sur les tènements de la Blinière, des Taillée, des Maurières, du Plessis-Mahon, de la Cope Chollière, de la Haute-Faucherie, du Remorillon, des Corbineaux de Lairaudière, des Corbineaux de la Grossinière, des Maupoiriers, de la Jolliverie, du bordage Château, du moulin Grelot, de la cérosie des Ogereaux, de l'Ouche du Vivier et du pré du Gaullier, de la Clémencerie à Somloire, de la lande platte, du fief Aublay, de la maison de la chaussée de l'Etang vieux, la petite forest, la Rablerie, la Lévreterie du Repenou, les porcherons du bas Genneton, les Avrils, les Tiffaux, les chaintres des Tiffaux, le tènement des Bonnineau, les vieilles vignes des Tiffaux, la Gorinerie, le petit Cléré du Bossuet, le Bossuet, la maisonnette près de l'étang de Genneton, la grande Ardonnière à Ulcot, la métairie de la Grambauderie, de Laudégerie, l'Ouche des Murailles, la Bournaye, Chavagne d'Elie Guyon, le tènement des Gaucheries, de Bernardin, de la Benoistière à Combrand.

Le château était grevé de nombreuses dettes à l'hôpital général d'Angers, aux incurables d'Angers, à l'hôpital de Doué, à l'hôtel-Dieu d'Angers, à l'hospice d'Argenton..., etc., il devait aussi au couvent de la Fougereuse la rente de 21 boiceaux 2/3 de froment (1). Les papiers étaient renfermés dans deux armoires. La 1re contenait 7 boîtes ; la 2e, 25 boîtes. La plus ancienne

(1). Toutes ces rentes faites à des établissements charitables étaient des dons des familles seigneuriales de la Fougereuse.

pièce conservée était du 15 juin 1406 ; la 25e boîte de la 2e armoire contenait les actes se rapportant à la chapelle Saint-Antoine « qui anciennement s'appelait la chapelle de Pitié. »

L'inventaire des titres de la baronnie de la Haye avait été dressé en 1748 et 1749 par le feudiste Frédéric Poisson.

Il y a tout lieu de craindre que ces archives n'aient été brûlées lors de l'incendie du château ou de la préfecture des Deux-Sèvres, en 1807.

De nombreux fiefs situés dans les paroisses voisines relevaient aussi de la Haye-Fougereuse, entre autres Frontault, à Bouillé Saint-Paul, qui était à Foi et à hommage plain et 10 sols de rente annuelle (1) ; le fief du Gast à Moutiers ; le fief de Mont fermier à hommage lige et devoir de rachat, abonné à 60 livres 10 sols et une maille d'or et à 5 sols de service annuel ; le fief du Molan à hommage plein ; le fief de la Rousselière à hommage plein ; le fief de Vermette à hommage lige, abonné à une florence d'or appréciée 30 sols pour tout devoir de rachat ; le fief de Villeneuve, à hommage lige à rachat, le tout situé paroisse de la Chapelle-Gaudin ; la Charrie, paroisse de Montournais, d'où sont originaires les Brunet de la Charrie; à Saint-Maurice, la Blinière (dépendant de Laspoix, Moutiers) à hommage lige et rachat ; la Genais, la grande et petite Mazure, Lairaudière, Lardraise, Langevinière relevaient de la Haye ; Jussais et Liniers, à Moutiers, étaient à hommage lige à rachat, etc. (2).

Parmi les fiefs relevant de la baronnie citons encore à Bouillé Saint-Paul Preuil et ses dépendances tenu à foy et hommage lige de la Fougereuse et à devoir de rachat quand le cas y advient (3).

Les Vernelles devaient aussi le droit de terrage et de dîme au seigneur de la Fougereuse (4).

Le seigneur de Sévérie, en Anjou, devait l'hommage pour le fief de Chastain : Dans l'aveu de 1618 rendu par Henri de la Cressonnière à Louis Gouffier, seigneur de la Fougereuse, le fief Chastaing est dit à foy et hommage plain, baiser et serment de fidélité. Notons un usage assez curieux de la baronnie de Sévérie, les nouvelles mariées de l'année devaient au seigneur « une chanson, une danse et un baiser (5).

A titre de curiosité, nous donnons ci-dessous l'inventaire de

(1). Inventaire des Archives du château de Sainte-Verge, châtellenie de Bouillé-Saint-Paul, nos 110, 111, 588, 811, publié par le marquis de l'Estourbeillon. — (2). *Arch. du Maine-et-Loire*, E, 1570. — (3). *Arch. nat.*, francs-fiefs, P. 773.75 A. — (4). Arch. de l'hospice de Thouars, inventaire de Chambon, de 1689. — (5). *Arch. dép. du Maine-et-Loire*, E, 1302.

la bibliothèque du château de la Haye-Fougereuse (décembre 1790) (1).

« 551. Premièrement, Manière d'enseigner par Rolin, 4 vol. in-12, estimés 3 livres.

552. Plus, Lettres de Ganganelli, 4 vol. in-12, estimés trois livres, dix sols.

553. Plus, Spectacle de la nature et histoire du ciel, 11 vol. estimés ensembles 15 livres.

554. Plus, Siècle de Louis XIV et œuvres de Voltaire, 4 vol. estimés 3 livres.

555. Plus, L'Esprit de l'Enciclopédie, 5 vol. in-18, estimés 4 lives.

556. Plus, Questions sur l'Enciclopédie, 9 vol. in-8 estimés 12 livres.

557. Plus, Œuvres de Voltaire, 37 vol. in-8 estimés 40 livres.

558. Plus, Dictionnaire des Passagers, 1 vol. in-8, estimé 2 livres.

559. Plus, Roman de Tarsis et Zélie, 3 vol. in-8 estimés 9 livres.

560. Plus, L'art d'aimer, 1 vol. in-8, estimé 36 sols.

561. Plus, Avis au Peuple, 1 vol. in-12 estimé 25 sols.

562. Plus, Dictionnaire d'histoire naturelle, 9 vol. in-8, estimés 25 livres.

563. Plus, Philosophie de la nature, 6 vol. in-8, estimés 15 livres.

564. Plus, Œuvres de Palissot, 7 vol. in-8, estimés 18 livres.

565. Plus, Médecine domestique, 5 vol. estimés 15 livres.

566. Plus, Contes de la Chine, de Navarre, 8 vol. estimés 20 livres.

567. Plus, Histoire Philosophique, 7 vol. in-12, estimés 14 livres.

568. Plus, Œuvres de Madame du Bocage, 3 vol. estimés 8 livres.

569. Plus, Œuvres de Molière, 8 vol. estimés 4 livres.

570. Plus, Théâtre anglais, 4 vol. estimés 2 livres.

571. Plus, Paradis perdu de Milton et la Christiade, 9 vol. estimés 9 livres.

572. Plus, l'Enciclopédie, 45 vol., compris 6 volumes de table in-4, estimés 420 livres.

573. Plus, Maison rustique, 2 vol. estimés 10 livres.

(1). *Arch. dép. du Maine-et-Loire*, E, 1570. Bernabé.

574. Plus, Poésies morales, 3 vol. in-4, estimés 9 livres.

575. Plus, Dictionnaire de la Noblesse, 12 vol. in-4 estimés 60 livres.

576. Plus, Voyage de Banque, 4 vol. estimés 20 livres.

577. Plus, Voyages de Cook, 5 vol. estimés 24 livres.

578. Plus, l'Antiquité expliquée, 45 livres.

579. Plus, Coutume d'Anjou par Paquet de Livonnière, 2 vol. in-folio, estimés 12 livres.

580. Plus, Rhétorique Française, 1 vol. estimé 20 sols.

581. Plus, Géographie moderne, 2 vol. estimés 2 livres.

582. Plus, Dictionnaire historique, 1 vol, estimé 2 livres.

583. Plus, Éléments d'histoire de France, 3 vol. estimés 2 livres, 5 cinq sols.

584. Plus, Voyages de France, 2 vol. estimés 2 livres,

585. Plus, Histoire de France par Reli, 30 vol. estimés 45 livres.

586. Plus, Les Contemporains, 42 vol. estimés 45 livres.

587. Plus, Portefeuille d'un homme de goût, 3 vol. estimés 4 livres, 10 sols.

588. Plus, L'Iliade, 3 vol. estimés 6 livres.

589. Plus, Beaumarchais, 5 vol. estimés 7 livres, 10 sols.

590. Plus, Les égarements de la Raison, 3 vol. estimées 3 livres.

591. Plus, Code Frédéric, 3 vol. estimés 3 livres.

592. Plus. La Henriade, 2 vol. in-8 estimés 8 livres.

593. Plus, Œuvres de Pope, 8 vol. estimés ensemble 20 livres,

594. Plus, Œuvres de Rousseau, 30 vol. estimés ensemble 40 livres.

595. Plus, Culture des Terres, 3 vol. estimés 2 livres 10 sols.

596. Plus, Histoire naturelle, 23 vol. estimés ensemble la somme de 23 livres.

597. Plus, Histoire ancienne par Rollin, broché 14 vol. estimés 12 livres.

598. Plus, l'Orpheline du château, 4 vol. estimés 3 livres.

599. Plus, l'Isle inconnue, 4 vol. estimés 2 livres, 10 sols.

600. Plus, Les Merveilles du Ciel et de l'Enfer, 2 vol. estimés 2 livres.

601. Plus, Histoire du baron de Trinck, 5 vol. estimés 3 livres.

602. Plus, Voyage de Niebur en Arabie, 2 vol. estimés 5 livres.

603. Plus, Les causes célèbres, 13 vol, estimés 6 livres.

604. Plus, Causes amusantes, 2 vol. estimés 2 livres, 10 sols.

605. Plus, Académie de jeux, 2 vol. estimés 2 livres 5 sols.

606. Plus, L'orpheline anglaise, 2 vol. estimés 36 sols.

607. Plus, Les nuits d'Young, 3 vol. estimés 3 livres.

608. Plus, Secrétaire de la cour, 1 vol. estimé 20 sols.

609. Plus, 70 petits formats, estimés ensemble 55 livres.

610. Plus, Claris, 13 vol. estimés 6 livres.

611. Plus, Bernis, 2 vol. estimés ensemble 36 sols.

612. Plus, Les mathématiques d'Ozanam, 4 vol. estimés 6 livres.

613. Plus, Dictionnaire français et anglais, 2 vol. estimés 3 livres.

614. Plus, Dictionnaire historique, 2 vol. estimés 3 livres,

615. Plus, Manuel Lexique, 2 vol. estimés 2 livres, 10 sols.

616. Plus, Deux grammaires anglaises et une grammaire allemande estimés ensemble 2 livres.

617. Plus, Dictionnaires des rimes, 1 vol. estimé 2 livres.

618. Plus, les quatre parties du jour, 1 vol. estimé 25 sols.

619. Plus, La Maupouana, 5 vol. estimés 7 livres.

620. Plus, Lettres d'une chanoinesse, 1 vol. estimé 25 sols.

621. Plus, 52 vol. brochés estimés ensemble 36 livres.

622. Plus, Les missions étrangères, 24 vol. estimés 24 livres.

623. Plus, Voyages de Cook, 4 vol. estimés 6 livres.

624. Plus, environ 80 volumes de brochures de différents ouvrages, estimés ensemble 30 livres.

625. Plus, Histoire des Juifs, 1 vol. estimé 2 livres 10 sols. »

Confisqué pendant la Révolution, le château ne fut pas vendu nationalement ; avec la Gaignerie et le moulin de la Haye, il constitua plus tard la dotation de la Sénatorerie de Limoges. En 1824, les anciens propriétaires purent rentrer en possession de ce bien de famille ; le château fut reconstruit mais presque aussitôt mis en vente avant la fin de l'aménagement intérieur, il fut démoli dans seconde moitié du siècle ; il ne subsiste plus aujourd'hui que l'aile droite des constructions du 15e siècle qui servent de corps de ferme. Le pont qui franchissait les douves du côté du jardin a été détruit, la grande allée qui était célèbre par ses beaux arbres a été mise en culture, et quelques vestiges rappellent seuls aujourd'hui un château qui ne fut pas sans grandeur.

Il appartint dans l'origine à la famille de la Haye qui remonte au 9e siècle ; elle devint surtout illustre sous le nom de la Haye-Passavant (1). Divisée bientôt en trois branches principales : la

(1). Beauchet-Filleau, *Dict. des fam. du Poitou*, 1re édition, tom II. Cette famille posséda la baronnie de Mortagne.

Haye-Passavant, la Haye-Fougereuse et la Haye-Montbaud, cette famille prit rang parmi les principaux seigneurs du Poitou et de l'Anjou. Un de la Haye était à la conquête de l'Angleterre en 1066 ; en 1267 Maurice de la Haye, seigneur de la Fougereuse épousait Alicie, fille de Guy, seigneur d'Argenton. Le 9 juillet 1369 le roi de France fit un don à Briand de la Haye pour le dédommager de la perte de sa terre de Fougereuse, saisie et donnée par le prince de Galles au sire de Parthenay (1).

Catherine de la Haye qui avait épousé en 1409 Renaud de Vivonne, seigneur de Thors lui apporta cette terre de Fougereuse par son mariage ; ils n'eurent pas d'enfants. La seigneurie revint à Pierre de la Haye seigneur du Fief l'évêque et la Fougereuse en 1416.

Louise de la Haye (2) dans le cours du 15e siècle épousait Geoffroy de Beaumont ; un de ses fils, Louis de Beaumont est qualifié seigneur de la Fougereuse. Thibault de Beaumont mourait sans héritiers directs en septembre 1520 et ses biens sauf Bressuire et Chiché passèrent à ses neveux les du Bellay.

René du Bellay est déjà titré seigneur de la Foulgereuse en 1515 et 1518 (3) ; François du Bellay, en 1538 ; son fils, François, Henri du Bellay vendit le 31 août 1541 à Claude Gouffier sa terre de la Fougereuse.

La Haye passait à Jean Guillocheau, qualifié noble homme, seigneur de la Boullaye, paroisse de Trémentines. Anne Tiercelin d'Appelvoisin, prieure de la Fougereuse, se plaignit vivement à la duchesse de Thouars, par lettre du 19 janvier 1579, de l'animosité dont faisait preuve envers le prieuré le seigneur de la Boullaye Tormentine (4).

La terre de la Haye et de la Boullaye devient la propriété de Sébastien Bernabé, fils de Thomas Bernabé par suite de son mariage avec Eléonarde Callouin, fille de Rolland Callouin, sénéchal de Doué et d'Antoinette du Tertre. Un acte de 1603 nous apprend que Sébastien Bernabé habitait la Fougereuse à cette date (5). Par une transaction du 24 novembre 1608, Rolland Callouin et Antoinette du Tertre abandonnaient à Sébastien Bernabé pour l'acquittement de partie de la dot de leur fille la seigneurie de la Boullaye par eux acquise de Jean Guillocheau ; à cette famille

(1). *Arch. hist. du Poitou*, XVII, 371. — (2). *Dict. des fam. du Poitou*, 2e édition, Beaumont. — (3). Duchesne, *Hist. génèal. de la maison de Chasteigner*. — (4). *Société de statistique des Deux-Sèvres*, 2e série, XIX, no 177. — (5). *Arch. dép. du Maine-et-Loire*, E, 1570.

Callouin appartenait aussi la Calonnière, à Saint-Georges Châtelaison ; cette terre revint aux Bernabé.

Sébastien Bernabé, seigneur de la Boullaye et de la châtellenie de la Haye-Fougereuse fut anobli par lettres données à Paris en 1616, registrées en la cour des Aydes en vertu des lettres de Jussion, le 1er mars 1617, en considération des services qu'il a rendus pendant 24 ans tant à la guerre « s'étant trouvé aux sièges de Bessac en Limousin, de Montmorillon, de Mirebeau et de Salles en Berry, à la bataille de Craon en Anjou et depuis au siège de la Fère » qu'en plusieurs voyages et négociations pour moyenner des trèves et traités de paix, es années 1594, 1595, 1596, 1597 et 1598 avec le duc de Mercœur et le maréchal de Bois-Dauphin, etc.. (1).

Sébastien Bernabé mourut en 1632 et fut enterré à la chapelle Saint-Antoine ; lors de la vente du château de la Haye et de ses dépendances, ses ossements et ceux des siens furent exhumés et portés au nouveau cimetière de Saint-Maurice. Ils y reposent sous sa pierre tombale. On y peut lire encore l'inscription suivante : Ici repose le corps de ...bastien Bernabé, en son vivant écuyer, sieur de la Boullaye et de la Haye-Fousgereuse qui décedda le 17 juillet 1632. Requiescat in pace, amen. Puis deux crosses en relief rappellent la sujétion féodale au prieuré de la Fougereuse. L'extrémité de la tombe est ornée de l'écusson des Bernabé et des Callouin.

Son fils, Claude de Bernabé obtint de Louis XIV, en considération des services de sa famille, que les trois chatellenies de la Haye, du Merle et du Fief l'évêque, fussent réunies en baronnie en sa faveur sous la dénomination de baronnie de la Haye-Fougereuse, en septembre 1654 (2).

Claude eut pour fils Louis de Bernabé qui épousa Marie-Louise de Gilier, dame de Saint-Gervais. La châtellenie de Saint-Gervais (canton de Bauvoir-sur-mer, Vendée) relevait de Thouars à hommage lige ; elle fut successivement possédée par les familles de Voluire, de Clairambault, de Laval et Gillier (3). Le 27 juin 1664, Louis de Bernabé en faisait l'aveu à cause de sa femme : la châtellenie de Saint-Gervais appartint dès lors aux Bernabé.

Joseph de Bernabé fils de Louis, épousa Renée, Angélique de la Haye-Montbaud : Marie-Anne de Bernabé, sœur de Joseph fut

(1). Beauchet-Filleau, *Dict. des fam. du Poitou*, I, nouvelle édition. — (2).La Chesnaie-Desbois, *Dict. de la noblesse*, tome II. — (3). *Les Fiefs de la vicomté de Thouars*, page 29.

ondoyée par nécessité dans la chapelle du château. Il eut pour fils Alexis-Joseph de Bernabé qui eut pour parrain Alexis, Henri de Châtillon et pour marraine Catherine, Marie, Anne de Bullion d'Attilly ; un autre de ses enfants Marie, Jean-Baptiste né à Saint-Maurice en 1751, ancien capitaine au Royal-Bourgogne cavalerie, émigra, servit à l'armée des Princes, dans le corps de la Marine et épousa à Nantes, en 1789, Marie Clauchy d'une ancienne famille irlandaise.

Alexis, Joseph de Bernabé épousa Marie, Françoise, Auguste Luthier de la Richerie ; il en eut Marie Alexis de Bernabé, chevalier, qui assista par procureur à l'assemblée des nobles du Poitou ; en 1789, Marie, Alexis émigra et servit dans les gardes de son A. R. le comte d'Artois. Il fut enterré le 17 septembre 1790 ; il avait épousé Anne, Marie, Joséphine Walsh de Serrant. L'inventaire de la Haye et de ses dépendances, dressé le 13 décembre 1790 mentionne 5 enfants nés de ce mariage : Alexis, Marie, Joseph ; François, Marie ; Louis, Auguste, Marie ; Désirée, Anne Sophie ; Françoise, Marie ; un autre enfant posthume fut baptisé le 25 mars 1791 à Saint-Georges-sur-Loire où se trouve le château de Serrant, aujourd'hui propriété de M. le duc de la Trémoille, il fut nommé Alfred, César, Félix (1).

L'aîné Alexis, Marie, Joseph, lieutenant-colonel de gendarmerie avait épousé Aimée, Hortense, Radégonde de la Faucherie. Il mourut à Champtocé, au château du Pin, le 2 septembre 1840. Ce château du Pin était déjà en 1627 à la famille Cordon qui fut autorisée à cette époque à prendre le nom de la Faucherie.

De ce mariage étaient nés 1° Charles, Alexis Thomas de Bernabé, qui épousa Aline, Sidonie Hay de Nétumières. Il n'eut qu'une fille, aujourd'hui madame la vicomtesse de la Combe ; il fut le dernier baron de la Fougereuse et vendit son château et le domaine qui en dépendait en 1855 ; il mourut en 1865 au château de la Bretêche près Hédé (Ille-et-Vilaine).

2° Amédée, Joseph, Augustin, vicomte de la Haye, mort en 1882 ; ce dernier eut un fils : M. Lionel de Bernabé qui n'a pas d'enfant, et une fille mariée au marquis de la Garde. M. Lionel de Bernabé habite le Pin, à Champtocé.

Avec eux disparaîtront les derniers descendants directs de Claude de Bernabé titré baron de la Haye par le roi Louis XIV. Il existe encore des représentants des branches cadettes de la Boullaye et de Saint-Gervais.

(1). *Arch. com. de Saint-Georges-sur-Loire.*

Voici les armoiries des familles qui ont possédé successivement la paroisse de la Fougereuse.

Les Belleville, anciens seigneurs du Fief l'Evêque ; Gironné de gueules et de vair de 12 pièces.

Les la Haye : D'or à deux fasces de gueules, à l'orle de 9 merlettes de même.

Les Merle : Coupée au 1er de gueules à l'épée d'argent en pal, garnie d'or, et au 2e échiqueté d'argent et de sable, cri ; or sus fiert.

Les Beaumont ; De gueules à l'aigle d'or, à l'orle de 9 fers de lance d'argent, *alias* : De chausse-trappes d'argent.

Des du Bellay : D'argent à la bande fuselée de gueules, accompagnée de trois fleurs de lys d'azur en chef, posées 2 et 1 et trois en pointe posées en bande.

Les Gouffier : D'or à trois jumelles de sable ; devise : hic terminus hœret.

Les Bernabé : D'azur à la croix d'or accompagné de quatre colonnes de même.

La baronnie de la Fougereuse avait sa mesure particulière ; son boisseau pesait 21 livres.

Au point de vue judiciaire, malgré leur réunion en une seule baronnie, les trois châtellenies du Merle, du Fief l'évêque et de la Haye conservèrent leur ressort propre. Nous avons dit en parlant de chacune d'elles les territoires sur lesquels s'étendait leur juridiction. Celle de la Haye comprenait la paroisse de la Fougereuse, hormis le *bourg de la Fougereuse* et le temporel du prieuré qui était jugé par la justice de madame la prieure. Nous avons vu cette justice s'apprêtant à agir lors de l'accident survenu à l'étang de Buzet (1). C'est en 1619 que les prieures avaient obtenu l'érection du bourg de la Fougereuse et de leur temporel sur cette paroisse en châtellenie.

Ce n'est pas sans procéder que les prieures avaient pu maintenir leurs droits. MM. de Gouffier et de Bernabé avaient fait planter un poteau ou pilier orné de leurs amoiries au carrefour de la grande rue du bourg de la Fougereuse ; la prieure, Madame d'Appelvoisin, l'avait abattu. L'affaire fut portée au présidial d'Angers et au Parlement de Paris qui trancha le différent par son arrêt du 26 mars 1619 : Madame d'Appelvoisin obtenait gain de cause dans un procès pendant depuis 1578. « aultres n'ont droit d'avoir pillier ou marque de justice aod. bourg : La

(1). Cf. l'organisation ecclésiastique.

cour ordonne à ceste fin que les poteaux plantez en icelluy bourg auxquelz lesdicts Gouffier et Bernabé prétendent leurs armoiries estre empreintes et gravées seront levez et ostez ; permis et permet à lad. prieure de faire planter un poteau à ses armoiries...» (1)

Les châtellenies du Merle et du Fief l'Evêque étant Poitevines on en appelait de leur sentence au présidial de Poitiers, puis au parlement de Paris ; celle de la Haye, étant Angevine, l'appel se faisait au présidial d'Angers, puis au Parlement de Paris en dernier ressort. Les mêmes officiers rendaient la justice pour les trois châtellenies ; chacune avait ses registres différents quoique un même parquet ; les officiers étaient : un juge, un procureur fiscal, un greffier, trois procureurs, deux sergents ou huissiers et quatre notaires (2).

Ces châtellenies avaient droit de haute, moyenne et basse justice ; les causes étaient traitées dans le bâtiment à l'entrée du château, désigné encore aujourd'hui sous le nom *de Palais*. Sur la route de Saint-Maurice à Saint-Paul, à l'orée des Bois d'Anjou, on peut voir un vieux chêne, plusieurs fois séculaire, désigné de tout temps sous le vocable de *chêne du Palais*, parce que la justice seigneuriale y tint ses assises ou bien parce qu'il servit à l'exécution de quelque malfaiteur (3).

Les justices seigneuriales, remplacées aujourd'hui par les justices de paix et les tribunaux d'arrondissement, furent abolies le 8 août 1789.

Voici quelques noms d'officiers des trois châtellenies : sénéchaux, procureurs, notaires, sergents et greffiers.

Jean Barret, 1431 ; Girard, 1442 ; Brunaud, 1444 ; Guillaume Tissault, 1456 ; Banningue, 1498 ; Paillard, 1541 ; Borson 1545 ; Brosseau, 1545 ; Jacques Denis, 1619 ; René Binet, 1633 ; Gilles Guion 1633 ; François Camus, 1638 ; René Mérienne, 1659-1669 ; René Humeau 1669-1696 ; Pierre Humeau, 1676 ; Bertrand, 1676 ; Pierre Mérienne, 1678 ; Pierre Lamballay 1678-1692 ; Jacques Ogereau 1678 ; Louis Ayrault, 1682 ; René Vilain, décédé le 14 février 1685, avait pour armoiries ; de... au chevron de..., sa pierre tombale sert de marche à l'entrée du cimetière actuel ; François Gaillard, 1685-1703 ; Pierre Roché, 1699 ; François Charron, 1703 ; Pierre Lamballay, 1712-1722 ; François Nolin,

(1). *Arch. nat.*, arrêt du 26 mars 1619. — (2). *Mém. de la Société des Antiquaires de l'Ouest*, 1re série XI, 440. — (3). Sans remonter jusqu'au fameux chêne de Vincennes, sous lequel saint Louis rendait la justice à ses vassaux, nous avons eu l'occasion de parler du chêne des Assises, sur la paroisse de Coutières, Deux-Sèvres, Cf. *Vautebis-Reffannes*, pages 56, 57.

1713-1721 ; Louis, Ferdinand Lamballay, 1717 ; J. Rouleau, 1718; Jean Pasquier, 1719 ; Jean Derollon, 1743-1760 ; Jagault, 1745 ; René Jaunay, 1751 ; Gabriel Godefroy, 1762 ; Michel Perrier, 1766; Louis Gouraud, 1790.

Quelques actes des notaires de la Fougereuse sont conservés aux archives départementales du Maine-et-Loire (H, Prieuré de la Fougereuse. G. 53). Des actes de Lamballais de 1676, 1681, 1682, 1686, 1687, 1691, 1692, 1699, 1701 et 1702 sont à l'étude de Me Girardeau, à Thouars. Mû par une curiosité bien légitime, nous avions fait demander à prendre connaissance de ces actes. Après huit jours de réflexions Me Girardeau s'est retranché derrière ses pannonceaux en invoquant... le secret professionnel. Avec une gravité de pince sans rire, ce notaire se déclarait prêt à entr'ouvrir ses dossiers devant une autorisation des familles qui avaient fait les transactions ; à 200 ans de distance, c'est vraiment joli. Ne pouvant croire à une telle... fumisterie nous écrivîmes à Me Girardeau une lettre fort courtoise, demeurée d'ailleurs sans réponse. Nous avions cependant inséré dans le pli un timbre poste qui n'avait rien de rare. Le notaire moderne se double sans aucun doute d'un philatéliste. De pareils agissements font désirer le prompt envoi aux archives départementales des actes notariés antérieurs à la Révolution.

---

## CHAPITRE III

## L'ORGANISATION ADMINISTRATIVE

La Fougereuse située dans les marches communes de l'Anjou et du Poitou fut rattachée à la province d'Anjou jusqu'en juillet 1791. Nous avons dit qu'au point de vue féodal et judiciaire le Merle Fougereuse et le Fief l'Evêque étaient des Châtellenies Poitevines, mais leur juridiction s'étendait sur une très faible partie du territoire de la paroisse de la Fougereuse.

De temps immémorial la petite rivière du Layon qui se jette dans la Loire à Chalonnes séparait les Andegaves et les Pictaves, comme on le voit par une charte de Charles le chauve de l'an 849 (1). Si la branche principale de cette rivière descend des collines de Saint-Paul du Bois, une autre de moindre importance prend sa source au pied même de l'ancien prieuré de Fougereuse ; elle sort des anciennes douves du prieuré et des réservoirs près *la cheminée du diable*, passe dans l'ancien étang de la Barbe, tombe dans l'étang de Beaurepaire au Bossuet et rejoint non loin du Bas-Mureau la branche qui vient de Saint-Paul du Bois ; elle laissait donc en dehors de l'Anjou, à la Fougereuse, les quelques fermes qui sont à la droite du ruisseau en aval de sa source.

L'acte de fondation du prieuré en 820 nous a fait connaître que la Fougereuse relevait féodalement du château d'Angers ;

(1). *Recherches sur l'Anjou et ses monuments*, Bodin, 29.

nous savons par ailleurs que judiciairement elle dépendait de la Sénéchaussée et du présidial d'Angers.

Le dictionnaire universel de la France, de Saugrain, 1726, désigne la Fougereuse comme un bourg de l'Anjou, diocèse de Poitiers *(sic)*, parlement de Paris, intendance de Tours, élection de Montreuil-Bellay avec 660 habitants.

La visite de Mgr de Menou en 1737 donne un chiffre plus considérable en portant le nombre des communiants à 500. En 1790, Saint-Maurice comptait 1059 habitants (1). Le dernier recensement n'accuse plus que 987 habitants.

Le pays est sain et la mortalité plutôt faible. Notons de curieuses observations sur les probabilités de la vie, dans l'arrondissement de Thouars, dont fit partie La Fougereuse. Ces remarques ont paru dans le journal officiel du département des Deux-Sèvres, 10 frimaire, an IX.

« De 100 pesonnes nées dans le même mois, il en meurt 36 jusqu'à l'âge de 6 ans et il n'en reste que 64 ; des 64 jusqu'à 16 ans, il en meurt 24 et n'en reste que 40 ; des 40 jusqu'à 26 ans, il en meurt 14 et n'en reste que 26 ; des 26 jusqu'à 36 ans, il en meurt 10 et il en reste 16 ; des 16 jusqu'à 46 ans, il en meurt 6 et il en reste 10 ; des 10 jusqu'à 56 ans, il en meurt 4 et n'en reste que 6 ; des 6 jusqu'à 66 ans, il en meurt 3 et n'en reste que 3 ; des 3 jusqu'à 76 ans, il en meurt 2 et il en reste 1, et cette seule personne ne vient qu'à 80 ou 100 ans pour l'ordinaire. Ces proportions n'ont point varié depuis plusieurs siècles et ont toujours été trouvées justes excepté dans les temps de guerres civiles, de contagion; etc.

Signé Daverly, préposé aux archives de la sous-Préfecture de l'arrondissement de Thouars. »

En 1787, l'Anjou avait été partagé en 16 districts ; La Fougereuse demeura dans le district de Montreuil-Bellay jusqu'en 1789 ; à cette époque elle fut attribuée au district de Vihiers et en fit partie jusqu'au mois de juillet 1791 pour être ensuite comprise dans le district de Thouars. La loi du 19 octobre 1791 qui délimita de nouveau les districts assigne à celui de Vihiers 36 paroisses parmi lesquelles ne figure plus Saint-Maurice la Fougereuse (2).

La communauté formant paroisse était administrée avant la Révolution par un syndic. La municipalité de Saint-Maurice était ainsi composée en 1788 : Gaillard, syndic ; Louis Besnard,

(1). *Arch. dép. du Maine-et-Loire*, L. 1040, registre des délibérations du district de Vihiers. — (2). *Arch. dép. du Maine-et-Loire*, L, 974.

Christophe Rochard, Jean Bernier, Mathurin Allard, René Coquin, greffier de la municipalité et Jarry, curé.

La population fut atteinte par les rigoureux hivers et le manque de récoltes qui précédèrent de quelques années la Révolution ; les routes avaient été négligées faute d'argent pour les entretenir. Le 5 juillet 1788, le baron de la Haye adressait à l'intendant de la province une pressante requête pour obtenir la création d'un atelier de charité à Saint-Maurice la Fougereuse. De son côté,le 13 juillet de la même année, la municipalité envoyait la même demande à l'assemblée provinciale d'Anjou par la délibération suivante :

« La municipalité de la paroisse de Saint-Maurice la Fougereuse, district de Montreuil-Bellay ; connaissant, messieurs, l'intérêt pressant qui vous anime en faveur des pauvres, s'est assemblée pour pourvoir aux moyens de secourir les malheureux qui sont en très grand nombre dans les deux bourgs qui font partie de cette paroisse (1), et a l'honneur de vous représenter que le seul moyen qu'elle puisse emploier est d'obtenir un atelier de charité pour lequel elle souscrit à la somme de quatre cents livres (non compris soixante charrois estimés six livres chaque qu'elle fera faire). Elle ose d'autant plus espérer que vous voudrez bien, messieurs, luy accorder sa juste demande qu'elle se propose de porter ces fonds de charité à réparer le seul chemin utile à tout le canton (2), qui est celui de la dite paroisse à la grande route de Vihiers, distante d'environ deux lieues de la Fougereuse. Ce débouché est non seulement utile et urgent à la dite paroisse, mais aussi à une partie du Poitou qui n'a pas d'autre route pour les nombreux troupeaux de moutons qui en proviennent et pour les bœufs gras qui sortent des foires de Saint-Clémentin, Nueil et les Aubiers ; il est à remarquer que les deux tiers de l'année ce seul débouché est à peine praticable pour un homme à cheval et que parachevé non seulement il ferait communiquer cette partie de la province avec Vihiers qui est le centre d'un très gros minage, d'un riche marché tous les mercredys et de très fortes foires, mais encore avec Cholet d'un côté et avec Saumur de l'autre : Fait et arrêté, treize juillet 1788 ». (3).

Voici les noms des souscripteurs des 400 livres offertes par la municipalité. En tête figure madame la prieure Louise,

(1). En note : « 50 personnes pauvres » 50 sur 1059 habitants ; la proportion n'a pas diminué de nos jours. — (2). Il s'agit du chemin de Saint-Maurice à Vihiers, passant par les Barauderies. — (3). *Arch. dép. du Maine-et-Loire*, C. 179.

Françoise de Mercy pour 100 livres ; le baron de la Haye pour 100 livres ; Jarry, curé, pour 50 livres : Gaillard, syndic, pour 50 livres, Michel Boudier 6 livres : Michel Blouin 6 livres ; Jean Bernier 6 livres ; François Gauffreteau 4 livres ; Pierre Grellier, 6 livres ; Jean Dénéchère 4 livres ; Christophe Rochard 3 livres ; René Coquin 3 livres ; Jean Barbeau 4 livres ; Pierre Grolleau 3 livres ; Pierre Reau 4 livres ; Mathurin Allard 4 livres ; les deux frères Beaulieu 6 livres ; Pierre Taillée 3 livres ; Pierre Rullier 3 livres ; Barthélémy Gauffreteau 3 livres ; Pierre Barbeau 3 l. ; Mathurin Beaumard 3 livres ; Louis Besnard 3 livres ; René Andrault 3 livres ; Pierre Frappereau 3 livres ; Louis Abellard, 1 livres ; Jean Lepain 3 livres ; Pierre Derollon, 3 livres ; Pierre Belliard 4 livres ; Louis Planché 3 livres ; Pierre Bassin, des Brandes 3 livres.

Douze cents livres furent accordées en 1789 à la municipalité de la Fougereuse.

En 1787, les impôts de la paroisse se répartissaient ainsi (1):

| | |
|---|---|
| Le vingtième. . . . . . . . . | 872l, 17s 5d. |
| Principal de la Taille. . . . . | 1672. 1. |
| Brevet, impositions et accessoires. | 1082. |
| Capitation. . . . . . . . . . | 1103. |
| Frais de perception. . . . . . | 42. 1. |
| Equipement d'un soldat ou d'un milicien. . . . . . . . . | 31. 5. |
| Sommes pour corvées . . . . | 438. |
| Nombre de minos de sel. . | 39 et un boisseau. |
| Prix de chaque minot. . . . . | 64l, 13s, 4d. |

Les impôts, en 1788 s'élevèrent pour toute la paroisse à 8.585 livres, 11 sols (2).

Noms des maires qui ont administré la commune depuis la Révolution (3). Louis Croison, jusqu'en 1809 ; Mathurin Allard, de 1809 à 1810 ; Louis Dillon, de 1810 à 1835 ; François Rigaudeau, 1835 à 1839 ; Pierre Rétiveau, de 1839 à 1846 ; François Rigaudeau, de 1846 à 1874 ; Henri Bouet, de 1874 à 1876 ; François Rigaudeau, de 1876 à 1884 ; Henri Borit, 1884.

Lors de la réorganisation de l'hospice d'Argenton, une décision préfectorale du 22 germinal an XI, accorda un lit à cet hospice pour la commune de Saint-Maurice (4).

(1). *Arch. dép. de Maine-et-Loire.* C. 202. — (2). Aujourd'hui, sans parler des contributions indirectes, les impôts fonciers, patentes et prestations s'élèvent à 16.850 francs environ pour Saint-Maurice. — (3). *Arch. com.* — (4). *Arch. de l'hospice d'Argenton-Château.*

La Fougereuse avait jadis été dotée d'un hôpital détruit pendant les guerres du 16e siècle ; ses biens avaient été reportés en partie à l'hospice d'Argenton. C'est l'explication du droit reconnu par le Préfet des Deux-Sèvres. Les archives communales nous ont conservé les noms de deux chirurgiens demeurant dans la paroisse avant la révolution : René Croyzon acte de 1682 et François Charon, acte de 1706.

Il y eut aussi un percepteur à la Fougereuse au début de ce siècle, Croizon en 1801 ; Louis, Marie, Julien, Catroux 1812.

## L'instruction a Saint-Maurice avant la Révolution.

Nombre de braves gens en sont encore à croire que leurs ancêtres végétaient dans la plus grossière ignorance ; cette erreur a son origine dans ce fait que les premières générations de ce siècle, élevées au bruit du canon et des batailles, n'eurent guère le loisir de l'étude. Il fallut des années pour réorganiser les services publics détruits par la Révolution.

L'instruction publique était à la charge du clergé dès les premiers siècles chrétiens. Au moyen-âge, que les cancres du jour et les orateurs de Loges maçonniques nous représentent comme une époque d'obscurantisme et de ténèbres, l'instruction populaire n'était pas négligée. Les savants archivistes, sortis de l'Ecoles des Chartes, ont fait justice de ces calomnies intéressées.

De nombreux conciles imposèrent aux curés l'obligation d'entretenir *à leurs frais* dans toutes leurs paroisses des écoles pour l'instruction des enfants du peuple ; bien mieux, divers édits, notamment en 1695, en 1698 et en 1725, ordonnent aux procureurs et haut justiciers de se faire remettre tous les mois, par les curés, vicaires, maîtres et maîtresses d'école, les noms des enfants qui ne fréquentaient pas les classes, afin d'assurer des poursuites contre les parents. L'instruction gratuite et *obligatoire* n'est donc pas un bienfait de la Révolution ; bon gré, mal gré c'est encore à l'église qu'il faut l'attribuer.

La Fougereuse fut tout particulièrement favorisée sous ce rapport grâce à son prieuré. De nombreuses pensionnaires y recevaient une instruction et une éducation complètes ; le bon renom des éducatrices s'étendait au loin dans la contrée et les meilleures familles de la noblesse et de la bourgeoisie des environs y envoyaient leurs enfants. Ces jeunes filles demeuraient au pensionnat jusqu'à leur majorité, et plus d'une en sortit pour épouser soit un officier des justices seigneuriales de la Fougereuse soit même quelque marchand ou aubergiste la localité (1).

Les enfants de la paroisse y recevaient gratuitement l'instruction primaire. Les classes se faisaient dans les bâtiments, détruits aujourd'hui, qui étaient parallèles à la route actuelle d'Argenton ; à leur extrémité s'élevait un long préau.

Le premier instituteur au sortir de la Révolution fut Antoine Louis Marcombre en 1805. Après lui nous n'avons retrouvé dans les registres que les noms suivants : O. Rausaux 1833 ; T. Grolleau, 1836 ; Jean-Baptiste Le Roy, 1838 à 1845 ; Arsène Charrier, 1845 à 1873 ; Germinal ! Apercé, 1873 à 1877 ; Léon Girardeau, 1877 à 1882 ; Firmin Grégoire 1882 à 1887 ; Victor Chudreau, 1887 à 1892 ; Alexandre Chouc, 1892.

Comme institutrices, nous avons relevé le nom de Marie Janneteau qui, née à la Fougereuse, y mourut en 1835. L'école, mixte jusqu'en 1870, fut dédoublée à cette date et l'instruction des filles confiée aux religieuses de la Salle de Vihiers : Sœur Isidore de Sainte-Marie de 1870 à 1875 ; Sœur Saint-Irénée de 1875 à 1881.

Sous une pression sectaire et déplorable, venue d'ailleurs, le conseil municipal (séances du 27 février et du 8 mai 1881) votait à la majorité de six voix contre trois le remplacement des Religieuses par une maîtresse laïque; le considérant qui motive cette laïcisation, la première exécutée dans le département des Deux-Sèvres, mérite d'être signalé : « *Vu l'esprit libéral de la population...* » Les mots n'en peuvent mais ; il faut avouer qu'on ne peut étrangler plus ironiquement. La population que l'on mettait ainsi en cause répondit par une pétition qui réunit la grande majorité des pères de familles ; une école libre fut même construite; Elle fut naturellement refusée par l'inspection académique. Depuis la laïcisation, l'école des filles a été dirigée successivement par Mademoiselle Ursule Breillat, de 1881 à 1882 ; Madame Caniot de 1882 à 1886 ; Mademoiselle de Juglart, de 1886 à 1887 ; Madame Marie Martineau, de 1887 à 1890 ; Madame Guérit de 1890 à 1898 et par Mademoiselle Devanne, 1898.

Une école de hameau a été créée d'office près du village de la Grippière, il y a quelques années.

(1). *Arch. com.*, anciens registres de l'état religieux.

# LIVRE III

# La Propriété à Saint-Maurice

6

## Le Bourg de Saint-Maurice

Ce qui était jadis le Plessis Cofred est devenu depuis 1119 le centre paroissial sous le nom de bourg de Saint-Maurice. Près de l'église élevée par les soins des prieures de la Fougereuse fut établie la maison presbytérale, qui dans le principe servit aux religieux bénédictins ou frères condonats institués par Robert d'Arbrissel à côté des couvents de femmes de son ordre. Quelques humbles habitations se bâtirent à l'ombre de l'église, la vie sociale trouvant mieux son centre près du château et du prieuré de la Fougereuse. La situation du bourg de Saint-Maurice, à mi-côte, abritée contre les vents froids du Nord et de l'Est, n'eut pas manqué de favoriser l'agglomération nouvelle sans le voisinage trop rapproché du premier chef-lieu paroissial.

Deux fermes avaient leurs bâtiments d'exploitation dans le bourg ; la métairie dite de Saint-Maurice et l'oisellerie ou l'oiselière, la première sur la route d'Etusson et la seconde sur celle de Somloire.

Le cimetière était contigu à l'église ; Louis Brunet y fut le dernier inhumé, le 15 décembre 1850. Transformé en place publique le cimetière, qui datait de l'établissement de l'église à Saint-Maurice, a été orné dans son périmètre d'une double rangée d'arbres qui lui donne fort bon air. Le nouveau champ des morts a été créé à la Rivière-Julliot dans un terrain abandonné à cet effet par le baron de la Haye. Le premier qui y reposa fut Louis Clochard, enterré le 23 décembre 1850.

L'église et la cure occupent encore l'emplacement primitif. Dans le jardin du presbytère on voyait une belle pièce d'eau, double comme étendue de celle qui s'y trouve aujourd'hui. Pour ce vivier le curé devait une rente annuelle de deux chapons au château de la Haye.

La construction d'écoles de filles et de garçons dans ces dernières années a donné au bourg une plus grande extension vers le Nord.

Une coquette maison de campagne s'élève sur la route d'Etusson au lieu dit le Bois-Sabot.

### La Rivière-Juliot

En face le nouveau cimetière sont groupées quelques maisons désignées par ce vocable. Nous retrouvons semblable dénomination aux Aubiers, et la tradition locale y dénonce un établissement militaire dû à Jules César. Quoi qu'il en puisse être, notons que la Rivière-Juliot, à Saint-Maurice, fut la demeure du vicaire et du sacristain et que ce terrain était propriété de la cure. L'ancienne maison montre encore une curieuse charpente.

### Grace

Un peu au-dessus de la Rivière-Juliot est situé le hameau de Grâce qui posséda jusqu'à la Révolution une chapelle rattachée au vicariat et placée sous le vocable de Notre-Dame.

### Le Bourg de la Fougereuse

Les premières habitations se groupèrent près de l'établissement Franc de la cour au Merle. Le vieux Leu rappelle, comme nous l'avons dit, l'antique localité dénommée déjà au 12e siècle La vieille Fougereuse, veterem Fogerosam ; l'existence d'une agglomération sur ce dernier contrefort des collines de l'Anjou remonte donc à une époque fort reculée. La fondation du prieuré en 820 et plus tard celle de la Maladrerie de La Pitié vinrent donner un développement plus considérable à cette localité. Au moyen-âge la Fougereuse fut le siège de trois châtellenies : La Haye, le Merle et le Fief l'Evêque. La vie féodale augmentait encore l'importance du bourg ; les cours de justice entraînant après elle un personnel nombreux de procureurs, de notaires et de sergents.

A la suite des guerres Anglo-Françaises, les habitations suivant la fortune du manoir se déplacèrent pour se reporter plus au Nord et constituer le bourg actuel de la Fougereuse.

La prospérité de la Fougereuse avait déjà reçu une première atteinte par le transfert au lieu dit le Plessis Cofred, aujourd'hui Saint-Maurice, du chef-lieu paroissial, en 1119. Grâce à son prieuré et à sa situation sur l'unique grande voie qui mettait en communication de ce côté l'Anjou et le Poitou, la Fougereuse conserva cependant son importance jusqu'à la Révolution. Cette triste époque marque l'irrémédiable décadence d'une localité qui a son rang dans l'histoire provinciale. Les ruines du château et du prieuré incendiés par les vandales modernes accusent une fois de plus ce qu'ont d'odieux et de criminel les passions révolutionnaires.

En venant d'Argenton par le chemin qui sort de cette ville au pont Tibus, on arrivait à l'entrée du bourg, au lieu dit les Greniers, grange du terrage dû au seigneur. Tout près, à main droite s'élevait la maladrerie avec sa chapelle et son cimetière. Après la destruction de l'hôpital pendant les guerres du 16e siècle, la chapelle fut relevée sous le vocable de Saint-Antoine et constitua une stipendie avec un chapelain particulier jusqu'à la Révolution. Elle fut incendiée à cette époque. Rien ne rappelle plus, à Saint-Antoine, l'asile offert jadis aux malheureux par la générosité féodale ; Sur son emplacement s'élève l'habitation de la famille Frouin. C'est dans la maison voisine que vécut et mourut après la Révolution le représentant d'une branche cadette des barons de la Haye : Antoine, Augustin de Bernabé de Saint-Gervais, chevalier de Saint-Louis, inhumé le 3 mars 1828.

Entre la maladrerie et le mur de clôture du prieuré se déroule le chemin qui conduisait au Rossignol, village aujourd'hui détruit. Le prieuré avec son parc, sa borderie, ses cloîtres, ses deux églises et ses bâtiments occupait une étendue considérable. Le voyageur n'aperçoit plus aujourd'hui qu'une faible partie de l'ancien monastère. En face s'élèvent les maisons dites de la Boullaye et parmi elles, la curieuse maison qui fut la grande auberge de la Fougereuse où pendait pour enseigne *Le Cerf* ; plus anciennement, elle avait pour enseigne : *Le Bienvenu.* (Papiers de la fam. Grellier). Elles étaient en 1781 la propriété de M. de Lancreau qui possédait aussi à Saint-Maurice la terre de la Verdrie.

L'habitation qui suit est le reste de la maison du Bon Conseil restaurée en 1770. Dans son enclos assez vaste et bordant la route pour ainsi dire, se trouvait la célèbre chapelle de Sainte-Emmérance ; c'est dans cette demeure, dépendance du prieuré, que vivaient les dames de la noblesse, de la bourgeoisie ou du peuple qui aspiraient à prendre rang parmi les religieuses du monastère. La tourmente révolutionnaire n'épargna pas cet abri; maisons et chapelle furent incendiées en 1794. L'enclos avait été vendu nationalement 85 livres, le 5 septembre 1792 à Jacques Deligny qui le revendit en 1802 à M. Catroux, La maison du Bon Conseil est habitée aujourd'hui par Mme veuve Rambault.

En face s'ouvre la rue qui mène au château de la Haye. A l'angle de cette rue, formant carrefour, se dressait le pilier ou poteau portant les armoiries de madame la prieure, pour prouver sa suzeraineté sur le bourg. Bordant cette voie secondaire, à main gauche se trouvait l'habitation de la borderie du vicariat. Quelques créneaux demeurés au-dessus d'un porche rappellent l'entrée du château ; à gauche c'est le Palais, siège de la justice de la baronnie. Cette partie du château fut vendue par l'Etat en 1810 ; le 13 décembre le Palais, masure, fut acquis du gouvernement pour 45 francs par François Chaillou (1). Une vaste cour où s'élevaient les servitudes du château conduisait au pont-levis franchissant les douves d'enceinte ; c'était ensuite la cour d'honneur avec ses bâtiments en fer à cheval protégés aux quatre angles par des tours dont une seule subsiste en partie. Nous avons dit ailleurs comment disparut ce manoir, siège de la baronnie de la Haye-Fougereuse, Un pré dit des Olives séparait le château de l'encloture du prieuré. Revenant sur nos pas, nous reprenons en face le Bon Conseil la voie qu'un acte de 1619 appelle la grand'rue de la Fougereuse.

La maison occupée par M. Rétiveau appartenait au prieuré et servait d'habitation à l'aumônier des Dames religieuses; cette maison fut vendue le 22 juin 1791 à Jeanneteau, aubergiste à Vihiers, et tout près un emplacement fut acquis par François Croison, cordonnier (2). Plus loin, sur la même main était le Porche ; les habitations qui suivent s'appelaient les Douets. A main gauche en descendant à Saint-Maurice, c'est la Jolliverie qui appartenait au château de la Haye. L'état de sections du 23 prairial, an VI l'attribue aux mineurs Bernabé et à la République. Vendue nationalement, La Jolliverie a passé à la veuve Guignon, à Rigaudeau et à M. Borit.

(1). *Arch. dép. des Deux-Sèvres*, Q. 155. — (2). *Arch, du Maine-et-Loire*, Q, registre IV, vente de biens nat. — Papiers de M. Rétiveau.

### Les Greniers.

Ce nom semble indiquer les granges du terrage dû au baron de la Haye. La ferme était aux Bernabé de la Boullaye et devait une rente annuelle de 64 boisseaux bled seigle au prieuré de Saint-Georges de la Giraudière, paroisse de Saint-Amand (1). C'est dans ses dépendances que se dresse la cheminée du diable, dernier reste de l'ancien château de la cour au Merle. Espérons que les propriètaires respecteront ce débris du moyen-âge et redouteront la légende. Saint-Maurice conservera ainsi un souvenir du plus ancien établissement de la contrée.

Marie Alexis de Bernabé de la Haye cédait le 11 prairial an X la terre des Greniers à G. Brunet La Rivière.

Les Greniers depuis la Révolution ont appartenu à Brunet La Rivière. à Besnard, à Mme de Place.

### Le Vieux Leu

Il faut voir dans ce nom soit un souvenir d'un fief concédé pleinement (alleu, all od) soit plutôt un vestige de l'ancienne Fougereuse, dont les premiers groupements durent s'établir sur la hauteur dominant la vallée sud.

Le Vieu Leu appartint aux Bernabé. Le 11 prairial an X, G. Brunet Le Rivière acquérait le Vieu Leu, de Marie-Alexis de Bernabé : ses possesseurs depuis cette époque ont été Brunet La Rivière, d'Angély, Besnard, Brunet, d'Angély, d'Andigné et Boidron.

### Villeneuve, Les Brandes, Les Communs

Ces trois fermes ont fait partie du domaine du château de la Haye.

Depuis la Révolution Villeneuve et les Brandes ont appartenu à Marquis, Bourbeau, Turpault et à M. Fairé.

Villeneuve est un nom fort répandu et rappelle les groupements des paysans près d'un château féodal au moyen-âge.

### La Légerie, Ligerie

Ce fief de la Ligerie ou Légerie (Ligeria) fut donné au couvent d'hommes établi près du prieuré de Moniales à la Fouge-

(1). *Arch. dép. des Deux-Sèvres*, Q, 177.

reuse, le 5 janvier 1228, ainsi qu'en fait foi l'acte suivant : « Raymundus de Thoartio, Dominus de Fulgerosa ex parte Thoarcensi, notum omnibus facio quod Mauricius Baglarge, meus homo, dedit Deo et *conventui fratrum* de Fulgerosa totum feodum suum de Ligeria, in parochia sancti Mauricii de Fulgerosa, anno 1228, mense januarii, vigilia Epiphanie (1). » Le fief donné par Maurice Baglarge avec l'assentiment féodal de Raymond de Thouars demeura sous la dépendance du prieuré de Sainte-Marie-Madeleine après la disparition du couvent d'hommes. A la fin du 16e siècle, le fief fut contesté par Jehan de Guillocheau sieur de la Boullaye qui se prétendit seigneur de la Liégerie, en 1578. Sébastien Bernabé seigneur de la Boullaye et de la Haye reprit en instance la poursuite des prétendus droits de Jean Guillocheau. Un arrêt du Parlement de Paris, du 26 mars 1619, déclara « la prieure à cause de son dit prieuré seule dame du fief de la Liegerie; ordonne que les tenanciers et détempteurs des héritages assis dans led. fief la recongnoistront et serviront des cens, lods et ventes et aultres droicts seigneuriaux qui luy sont deulz, de mourant aud. Bernabé seulement la moitié des dixmes et terrages sur lesd. héritages et terres dud. fief à partir par indivis avec que lad. prieure (2) ».

Le village comprenait la grande et petite Liegerie qui sont mentionnés dans le bail du 16 janvier 1693 entre Révérende Dame Françoise Tuffin de la Royrie prieure et Jean Papin, marchand à la Fougereuse (3). La Liegerie demeura jusqu'à la révolution la propriété des Religieuses. En 1790, cette terre était affermée à un Gauffreteau.

La Ligerie fut vendue *nationalement* le 19 mai 1791 et achetée pour 14.000 livres par François Joubert au nom de madame veuve Jean, Charles, Gabriel Brunet, de Cléré (4).

La propriété de cette terre a passé des Brunet à Gaudichaud et à M. Grimaud, en 1844.

La petite Ligerie n'existe plus. En bas du village actuel se trouvait un petit étang de nul rapport, s'il faut en croire l'état du temporel du prieuré en 1728, « les poissons qu'on y met y périssant plutôt que profiter. » (5).

(1). Cartulaire de Chambon, *Mémoires de la Société de stat. des Deux-Sèvres*, 2e série, XIII. — (2). *Arch. nat.* — (3). *Arch. départ, de la Charente-Inférieure*, G. 53. — (4). *Arch. dép. du Maine-et-Loire*, Q, contrats de vente des biens nationaux de 1re origine, registre VI. — (5). *Arch. de la Charente-Inférieure*, G. 53.

## Le Puy-Guitton

Du grec *Podion* qui signifie lieu élevé, le Puy-Guitton domine au sud la vallée de L'Ouère et au nord le vallon formé par un ravin.

Ce fief appartenait au prieuré de Sainte-Marie-Magdeleine de la Fougereuse ; il figure au bail du 17 janvier 1693. Le Puy-Guiton devait chaque année à la Fabrique d'Etusson une rente de 4 boisseaux bled seigle, mesure de la Chassée (pesant 24 livres) (1). En 1789 la veuve Lehay était fermière de cette métairie.

Le Puy-Guiton fut vendu *nationalement* le 24 mars 1791 et acheté pour 7.025 livres par François Lepin, laboureur aux Brosses de Saint-Paul (2).

L'acquéreur ayant été déclaré déchu de ses droits, le gouvernement revendit le Puy-Guitton, le 2 février 1809 à Jean, François Montault pour la somme de 3.712 francs (3). La propriété est passée depuis à Florence, à Dillay et à Grémillon.

En bas du Puy-Guitton, en amont de L'Ouère se trouvait l'étang de Buzet qui captait les eaux de la rivière ; il était de nul rapport d'après l'état du temporel du prieuré cité plus haut. De cet étang et de son moulin il ne reste plus aujourd'hui que quelques vestiges.

## Les Arcis

La ferme de ce nom domine un ravin creusé par un petit ruisseau venant de la fontaine de Gautrelle, qui va se jeter dans L'Ouère. Etymologiquement les Arcis *Arces* signifient lieu fortifié. Il y eut là sans aucun doute un poste militaire dont il faut reporter l'origine à la conquête romaine. Le village est récent, croyons-nous ; les terres qui en dépendent ont dû être démembrées d'un autre domaine. Elles appartenaient aux Bernabé et, au dernier siècle, aux Bernabé de Saint-Gervais.

Ruiné par la révolution, Marie-Alexis de Bernabé de la Haye cédait les Arcis à Victoire Fontaine, veuve Coquin, le 3 floréal an X ; (papiers de la fam. Grellier). Depuis cette époque les Arcis ont appartenu par héritage aux d'Angély et aux d'Andigné de Beauregard.

(1), *Arch. com. d'Etusson*, registre de 1709. — (2). *Arch. dép. du Maine-et-Loire*, Q, biens nationaux 1re origine, registre I. — (3). *Arch. dép. des Deux-Sèvres*, Q, 155.

## Le Beurre de Chat

La singularité de ce nom est impossible à expliquer ; le village est d'établissement récent, les terres firent autrefois partie du prieuré de la Fougereuse. Vendues *nationalement*, elles furent acquises par Grimaux, tanneur à Thouars et passèrent à la famille de Bernabé, puis à Chauvigné.

## La Pellerie

Cette ferme doit son nom soit à une famille Pelle ou Pellé, soit à une sorte de tannerie. La Pellerie appartenait au prieuré de Sainte-Marie-Madeleine de la Fougereuse ; elle figure au bail du 17 janvier 1693. En 1789, la ferme était tenue par René Andrault.

La Pellerie fut vendue nationalement, le 22 juin 1791, pour 8.150 livres à Louis Besnard (1) ; elle passa à V. Aiguillon, puis à M. Gaudonnet.

## La Jaminière

Cette terre, aux Jamin primitivement, appartint aux Bernabé; vendue nationalement, elle fut acquise par Rossignol et a été possédée depuis par Chaillou-Lenoir, Saurin, Brouard et Landreau, Aiguillon et Gaudonnet.

## Le Plomb ou Plan

Ce petit domaine était aux Bernabé ; il a été acheté nationalement par Rossignol et possédé par Chaillou-Lenoir et Saurin.

## Les Faucheries ou Foucheries

Ce village comprend deux parties ; la plus ancienne est appelée dans le pays *Le Logis*. Demeure de maître, primitivement, elle appartint à quelque officier des justices seigneuriales de la Fougereuse, procureur ou notaire. En bas se trouve le lit d'un ancien étang et quelques restes du moulin que l'étang mettait en œuvre; La Foucherie domine au sud la vallée de L'Ouère et à l'Est un ravin formé par un petit ruisseau qui vient des bois. Nous ignorons qu'elle était la mouvance des Foucheries. Divi-

(1). *Arch. du Maine-et-Loire*, Q, biens nationaux de 1re origine, registre IV.

sées aujourd'hui en deux fermes, elles étaient au commencement du siècle la propriété de Claude, François Chauvin. M. Chauvin Boissette en hérita. Cette terre a passée ensuite à Picard de Luzan, et à M. Catroux.

Une autre partie des Foucheries formait une borderie qui était à la veuve Abélard en 1823, puis aux Gauffreteau. Les terres démembrées de cette borderie ont formé la métairie de la Maison-Neuve, à Bertrand.

### La Coupe Cholière

Cette borderie était au prieuré-cure d'Etusson ; elle devait foy et hommage à la prieure de la Fougereuse et une rente de 40 boisseaux seigle, 16 sols et 2 chapons ; En 1765 1 chapon, 5 sols et 6 deniers. L'hommage était dû en 1781 par M. Bitault, conseiller au Parlement (1).

En 1790, la Cope ou Coupe-Cholière dépendante du prieuré d'Etusson était affermée par la municipalité de Saint-Maurice à Jean Marie Rethoré prieur curé d'Etusson (2). Cette terre a été possédée depuis par les familles Gaillard, Boussard, Pihouet, Legressier et Loury. En bas de la Coupe-Cholière se trouvait le moulin de Tan.

### La Gaudrière

Cette terre devait foy et hommage à la prieure de la Fougereuse : elle était à rachat et 2 sous de service. L'aveu en fut fait en 1757 par M. Lamballais de Beauvais et depuis par M. Gaillard (3).

La propriété a passé successivement à Boidron, à Baudry et à Ballu.

### La Blinière

Le fief de la Blinière qui relevait de Laspoix, (La Cepaye) à Moutiers, à hommage plein était tenu de la Haye Fougereuse à hommage lige et à rachat. (4)

La métairie de la Blinière est à la famille Bibard.

(1). *Arch. dép. du Maine-et-Loire*, H, prieuré de Fougereuse, I, registre de recettes de 1781. — (2). *Arch. dép. des Deux-Sèvres*, Q, 177, registre des receptes des biens nationaux. — (3). *Arch. dép. du Maine-et-Loire*, H, prieuré de Fougereuse, I, registre de 1781. — (4). *Arch. dép. du Maine-et-Loire*, E, 1570.

## Le Batiment et le Bois le Moine

Le Bâtiment situé près de la Blinière n'existe plus; le Bois le Moine ainsi nommé parce que primitivement il dépendit du prieuré de Fougereuse était, comme le Bâtiment, aux Bernabé. L'Etat de sections, dressé le 23 prairial, an VI, portent ces deux terres aux mineurs Bernabé et à la République (1). Vendues à Renou et Consorts, elles redevinrent la propriété des Bernabé après la Révolution et passèrent à M. de Monti et à Jouffrault.

## Retors

La borderie de Rethore *(sic)* était au vicariat de Saint-Maurice la Fougereuse ; elle fut vendue à Jean-Baptiste Normandin, tanneur à Argenton-Château et à Gervais Catroux, laboureur à Saint-Maurice pour 2.650 livres, le 24 mars 1791 (2).

Elle a appartenu à Auriau, Boussard, Brémond et Gannes.

## La Redraize

Ce fief devait l'hommage à la Haye-Fougereuse ; cet hommage était rendu par le duc de Châtillon, baron d'Argenton (3).

## La Ginfardière

Cette terre était du domaine de la Haye-Fougereuse. L'état de sections dressé le 23 prairial an VI, l'attribue aux mineurs Bernabé de la Haye et à la République (4). Dès 1716, il y avait une tuilerie à la Ginfardière. Depuis la Révolution, cette terre a appartenu à Royer, de Monti, de Neuilly et du Bouchet.

## Varansais ou Petite Semoncellerie

Cette ferme a passé depuis le XVIIIe siècle à la veuve Grignon, à Rigaudeau, Bonnin et Pineau.

## Langevinière

Ce fief devait l'hommage à la Haye-Fougereuse et l'aveu était rendu par le duc de Châtillon, baron d'Argenton (5). Langevi-

(1). *Arch. com.* — (2). *Arch. dép. de Maine-et-Loire*, Q, biens nat. 1re origine, registre I. — (3). *Arch. dép. du Maine-et-Loire*, E, 1570. — (4). *Arch. com.* — (5). *Arch. dép. du Maine-et-Loire*, E, 1570.

nière avait été donnée par les seigneurs d'Argenton aux chanoines du chapitre de Saint-Georges, qui faisaient le service de la chapelle du château. Au moment où éclata la Révolution, Pierre-Jean Bourdaizeau était doyen de ce chapitre ;il mourut à Argenton le 16 floréal an X (6 mai 1802). Après la main-mise par l'Etat sur les biens ecclésiastiques, M. Bourdaizeau s'adressa au directoire du district de Vihiers pour obtenir l'autorisation de faire enlever du bois sur les deux métairies dépendantes du chapitre, situées en la paroisse de Saint-Maurice-la-Fougereuse; mais le Directoire chargea, le 15 septembre 1790, M. le procureur syndic de répondre que l'assemblée ne pouvait accorder l'objet de la demande (1).

Vendue comme bien national, Langevinière, d'après l'état de sections de Saint-Maurice du 23 prairial an VI,était alors à Léon Perreau, à Thouars. De cette famille, la ferme est passée aux Maudet.

### La Genais

L'hommage était dû à la Haye-Fougereuse et rendu par le duc de Châtillon, baron d'Argenton (2). La Genais fut donnée en dot par le duc de Châtillon à sa fille Amable, mariée à M. de Crussol d'Uzès. L'état de sections du 23 prairial an VI attribue toujours la Genais à de Crussol, émigré.

Le 12 fructidor an VIII, cette terre provenant de la femme Crussol d'Uzès, émigrée, fut vendue nationalement et acquise pour 7.050 francs par René Clisson, d'Azay-sur-Thouet (3).

Ont possédé la Genais après Clisson : Giraud, Plessis, Lemardelay et Granry, Gasnier.

### Les Raudières

Une terre de ce nom figure au bail du 17 janvier 1693 comme dépendant du prieuré de la Fougereuse : « l'Eraudière située en le village de la Grossinière. » (4).

La ferme actuelle appartenait aux seigneurs d'Argenton et fut comprise dans la dot de Madame de Crussol d'Uzès ; elle est portée en son nom dans l'état de sections de l'an VI.

Lairaudière *(sic)*, provenant de la femme Crussol d'Uzès, émigrée, fut vendue nationalement le 12 fructidor an VIII, pour

(1). *Arch. dép. de Maine-et-Loire*, L, 1040, délibérations du district de Vihiers. — (2). *Arch. dép. du Maine-et-Loire*, E, 1570. — (3). *Arch. dép. des Deux-Sèvres*, Q, 64. — (4). *Arch. dép. Charente-Inférieure* G, 53.

2.425 francs, à Victor Bodin, fournisseur des armées de la République, demeurant à Paris (1).

Cette propriété a passé à Montaud, Florence et Colibert-Duval.

Les Raudières devaient l'hommage à la Haye-Fougereuse et l'aveu en était fait par le duc de Châtillon (2).

## Le Pain-Perdu

Ce fief appartenait au prieuré de Fougereuse ; les bâtiments furent construits ou restaurés en 1678, comme le prouve l'écusson de Anne de Turpin-Crissé, prieure du monastère à cette date, que l'on voit encore scellé dans un des murs, à l'extérieur. Les Turpin-Crissé, comtes de Vihiers, portaient : losangé d'argent et de gueules ; la crosse surmonte la couronne comtale encadrée par le millésime 1678, gravé 16 et 78. La cheminée porte la date d'une autre restauration, en 1754, sous Madame de Brécheu. Les prieures avaient installé au Pain-Perdu une tuilerie qui figure au bail du 17 janvier 1693 sous la désignation de « la Thuilerie de Beaulieu », nom du tenancier (3). La déclaration des biens du prieuré à l'assemblée du clergé de France, en 1728, nous apprend que les prieures faisaient valoir à moitié la tuilerie qui produisait environ dix milliers de tuiles « estimé de dix années une comme une, cent sols chaque millier. » (4).

A la confiscation des biens ecclésiastiques, la borderie du Pain-Perdu fut affermée au nom de l'Etat par la municipalité de Saint-Maurice pour 30 livres (5).

Le 19 mai 1791, le Pain-Perdu fut vendu nationalement pour 1125 livres à Charles Vacher, voiturier, demeurant à la Fougereuse (6).

Depuis cette époque, le Pain-Perdu a passé à Drouineau et à Gautier ; le four, aujourd'hui inutilisé, existe toujours ; pendant les guerres de Vendée, on y fit cuire le pain pour l'armée de Stofflet.

## Les Gaucheries

Les Grandes et Petites Gaucheries figurent au bail de 1693 parmi les terres du prieuré de la Fougereuse.

(1). *Arch. dép. des Deux-Sèvres*, Q, 64. — (2). *Arch. dép. du Maine-et-Loire*, E, 1570. — (3). *Arch. dép. de la Charente-Inférieure*, G. 53. — (4). Mêmes archives, G. 53. — (5). *Arch. dép. des Deux-Sèvres*, Q, 177, registre des receptes des biens nationaux. — (6). *Arch. du Maine-et-Loire*, Q, registre de vente des biens nationaux, 1re origine, VI.

La Grande Gaucherie fut vendue nationalement le 22 juin 1791, pour 8.150 livres, à Etienne Amant, aubergiste à Vihiers, René Pauvert, huissier à Martigné et Charles-François Duquesne, notaire à Martigné (1).

Le 19 mai de la même année les susdits acquéreurs avaient acheté La petite Gaucherie pour 6.675 livres (2). Ils revendirent le domaine des Gaucheries à Charles, François, Philippe de Charnières, capitaine de vaisseau. L'état des sections de Saint-Maurice, du 23 prairial, an VI, mentionne comme propriétaire madame veuve Deschanières, Catherine Louise Portier de Lauthimo. Madame de Rougé, née des Charnières, revendit les Gaucheries ; la Petite Gaucherie à Audouin et Bréhéret ; la grande Gaucherie à Alliot et Pirault (3).

En 1789, la grande Gaucherie était affermée à Beaumard, la petite Gaucherie à Gauffreteau.

## La Verdrie

La terre de la Verdrie appartenait avant la Révolution à la famille de Lancreau, propriétaire des maisons dites *de la Boullaye*, à la Fougereuse. M. de Lancreau et M. de Bernabé devaient au couvent de la Fougereuse la rente de 2 septiers seizaine de froment et 4 septiers seigle, mesure de la cour du Merle. Sur cette rente 21 boiceaux 2/3 de froment étaient dûs par le baron de la Haye ; le surplus était à la charge de M. Lancreau (4). L'état des sections de Saint-Maurice du 23 prairial, an VI porte comme propriétaire de la Verdrie madame veuve Lancros, à Angers.

Après avoir appartenu aux familles de Romans et du Landreau, la Verdrie est aujourd'hui à Jouffrault.

## Le Plessis

Cette terre sise près le bourg de Saint-Maurice est comme l'indique son nom un ancien établissement Franc. Dominant le pays au Nord, le Plessis devint facilement un poste militaire dont l'approche était défendue par des pieux, suivant l'étymologie donnée par Joseph Scaliger et par du Cange. Josephus Sca-

(1). — *Arch. du Maine-et-Loire*, Q, vente de biens nat., registre IV. — (2). Mêmes archives, Q, regîstre VI, vente de biens nationaux. — (3). Papiers de la famille Alliot. — (4). *Arch. du Maine-et-Loire*, E, 1570.

liger *Plessis* sepem esse ait seu plicationem ligni, ita ut *Pleissicium* sit locus palis seu virgulis implexis conclusus. Du Cange : *Plesseia*, locus vel sylva sepibus clausa (1).

Sous la prairie qui descend au ruisseau, au Nord des servitudes de la ferme du Plessis se trouve une cave encore inexplorée qui a pu être un souterrain refuge dépendant du poste militaire

Le Plessis était divisé en trois parties, désignées chacune par un vocable différent : le Plessis-Faugère, le Haut-Plessis ou Plessis-Mahon et le Plessis-Cofred. Cette dernière dénomination concernait le versant Sud où se trouve bâti le bourg de Saint-Maurice, (acte de 1119 concernant le transfert du chef-lieu paroissial). La ferme actuelle du Plessis-Mahon appartenait aux barons de la Haye-Fougereuse. Quelques années avant la Révolution le mariage de Marie-Anne de Bernabé de la Boullaye avec Gaspard Rouxeau de la Ménardière fit passer le Plessis-Mahon dans cette famille ; il est aujourd'hui aux Brunet de Montreuil et par mariage au baron de Reinty.

## La Baguenauderie

Située en bas du Plessis et de la Barauderie, cette ferme désignée par la carte de Cassini, n'existe plus aujourd'hui ; elle était aux barons de la Haye et fit partie de la dot de Marie-Anne de Bernabé lors de son mariage avec Gaspard de la Ménardière; les terres qui la composaient ont été réunies à la Barauderie.

Pendant le règne de la Terreur, Maillet était fermier de la Baguenauderie. Nous notons à son honneur que sa maison servit d'asile au vicaire de Saint-Maurice, M. l'abbé Jarry ; Maillet fut dénoncé et des perquisitions furent faites à son domicile mais sans résultat. L'abbé Jarry, prévenu à temps, échappa aux poursuites et la vie de son hôte fut épargnée (2).

## Les Barauderies

Partagée en deux fermes, cette terre était aux barons de la Haye. Avec le Plessis et la Baguenauderie, elle échut par mariage à Gaspard de la Ménardière et passa à la famille Brunet de Montreuil.

(1). *Revue d'archéologie Poitevine*, septembre 1899, p. 279. — (2). Souvenirs de la famille Maillet.

## La Rivardière

La Rivardière est mentionnée sur le bail du 17 janvier 1693, parmi les terres appartenant au prieuré de la Fougereuse.

Une partie était aux Bernabé de la Haye. Cette portion passa de G. de la Ménardière à la famille de Terves et à M. de la Rochebrochard.

L'autre partie, après la révolution, se trouve entre les mains de Besnard et de la famille Houet.

## Les moulins de la Fougereuse ou de la Bosse Allais

Dans le bail du 17 janvier 1793, cinq moulins à vent sont indiqués. La carte de Cassini n'en fait plus figurer que quatre ; quelques-uns de ces moulins portaient les noms de ceux qui les avaient construits : Le moulin Girard, le moulin Grelot. On distinguait aussi les moulins de la grande et de la petite Charre. Le bordage et la maison du moulin Grelot sont appelés le bordage Allais. Une partie des dépendances de l'un des moulins fut achetée le 28 novembre 1787 à Jean Guérin le jeune, marchand à la Billangerie, paroisse du Voide, par Christophe Rochard, alors meunier à la Fougereuse; une autre partie était acquîse le 7 septembre 1794 de Pierre Guérin, meunier à Enterré, paroisse de Sainte-Verge par la veuve Pellerin. Ces acquets concernaient le moulin le plus rapproché de Saint-Maurice (1), les autres appartenaient au prieuré de la Fougereuse.

A la révolution l'État s'empara naturellement de ces biens. Le 23 août 1790 sur la requête de la municipalité de Saint-Maurice, le Directoire de Vihiers décidait que des réparations s'élevant à la somme de 447 livres 15 sols seraient faites aux moulins dépendant du prieuré de Fougereuse (2). Ces moulins furent vendus nationalement, pour 8.000 livres, le 19 mai 1791 à Jacques Baranger, meunier, demeurant paroisse d'Argenton et avec les moulins les terres qui en relevaient ; le champ de la Bournarche de 9 boisselées ; le petit champ des prés de 8 boisselées; le champ du milieu de 16 boiss. ; le champ de la croix de 14 boiss. ; le champ du grand moulin de 9 boiss. ; la pièce de l'Arceau de 20 boiss. ; l'Ouche de la Pointe de 4 boiss. ; la petite

(1). Papiers de la famille Borson. — (2). *Arch. dép. du Maine-et-Loire*, L.1040

ouche des moulins de 2 boiss. ; le pré du Douet de 4 bois. ; un autre pré de figure irrégulière de 10 bois, ; le pré de la Fougereuse de 10 bois. ; (1).

Les moulins et les maisons furent brûlés pendant la guerre de Vendée par les colonnes infernales du général Grignon dans le but d'affamer le pays ; deux seulement ont été relevés, à la paix. On y jouit d'un magnifique panorama; c'est en effet le point culminant de la contrée, les moulins sont à 150 mètres au-dessus du niveau de la mer.

De la famille Baranger, les moulins ont passé à Cesbron et à Berson.

## Le moulin de la Haye et la Gaignerie du Chateau

Le moulin fut brûlé pendant la guerre de Vendée ; il était situé près de l'emplacement de la ferme actuelle, au-dessus de l'étang de la Barbe. Cet étang, aujourd'hui défait, relevait du château de la Haye et recevait la petite branche du Layon qui sortait des douves du couvent et de la fontaine de la cour au Merle. Confisqué à la Révolution, l'étang fut avec les terres de la Gaignerie donné par l'Etat en dotation à la Sénatorerie de Limoges. Cet étang, toutefois, fut vendu par le gouvernement le 7 août 1807 à M. Guéniveau de la Raye pour 710 francs.

La Gaignerie se trouvait sur le chemin qui du château allait autrefois au moulin de la Haye ; les maisons ont disparu (2). Gaignerie était un nom générique donné aux fermes en Poitou. En 1460 le mas ou masure de terre était dite gaignerie à 4 bœufs, si elle contenait 24 septérées ; la septerée était d'environ 30 boisselées. La borderie était une gaignerie à deux bœufs, contenant moitié de la masure. *Le Quarteron* de terre était le quart de la masure et valait une demi-borderie de 4 quarterons ; enfin le quart de borderie s'appelait un *Retail* (3). Nous retrouvons à Saint-Maurice avec la Gaignerie, le *quarteron* et *la grande et petite masure* ; ces deux dernières fermes à la Genais et aux Raudières appartenaient au baron d'Argenton et devaient l'hommage à la Haye-Fougereuse (4). Les terres de la Gaignerie du château ont formé la ferme actuelle dite le Moulin de la Haye. A la Sénatorerie de Limoges jusqu'en 1824, ce bien

(1). *Arch. du Maine-et-Loire*, Q, vente de biens nationaux, registre VI. — (2). Tout près était le bois Saint-Jean. — (3). *Arch. nat.*, O 19712. — (4). *Arch. du Maine-et-Loire*, E, 1570.

revint à ses anciens propriétaires les Bernabé, barons de la Haye. Depuis la vente de leur domaine, la terre a été possédée par Chauvigné et Grelpois.

### La Touche

Ce domaine qui appartenait au prieuré de la Fougereuse était divisé en trois métairies au 17ᵉ siècle comme l'indique le bail du 17 janvier 1693.

La Haute-Touche fut vendue nationalement le 22 juin 1791, pour 9 900 livres à René Coquin de la Fougereuse ; le même, marchand et aubergiste à la Fougereuse, avait acquis la petite Touche pour 8.000 livres, le 24 mars 1791 (1). Les héritiers de René Coquin furent déclarés déchus par l'Etat et le 23 février 1809 le gouvernement revendit la petite Touche pour 4.217 francs à Louis Marie Julien Catroux (2), les maisons furent brûlées pendant les guerres de Vendée.

La Touche a passé de la famille Catroux à Barillet.

L'autre partie de l'ancien domaine du Prieuré est à Gauthier et à Boudier.

En 1789 la grande Touche était affermée à Derollon, la petite Touche à René Coquin.

### Les Eponneries et mieux L'espronnerie

Le bail de 1693 parle des quatre métairies de *L'espronnerie*, appartenant au prieuré de la Fougereuse. L'une de ces métairies était plus connue sous le nom de la Chassée. Le domaine fut vendu nationalement le 22 juin 1791 ; l'Eponnerie ou Pierre Blanche à Pierre Baranger pour 8.400 livres, cette partie a été acquise des Baranger par Barillet.

Les Eponneries (deux métairies) furent vendues le même jour pour 13.125 livres à Jacques Carry, de Louresse canton de Doué (3) et revendues par ce dernier à la famille des Charnières. Un partage de famille du 25 fructidor an VI, donna ces deux métairies à Catherine, Zacharine, Renée de Charnières qui porta cette terre par son mariage à Eustache, Abraham Carrefour de la Pelouze.

(1). *Arch. du Maine-et-Loire*, Q, vente de biens nationaux, registre IV et L. — (2). *Arch. des Deux-Sèvres*, Q. 155. — (3). *Arch. dép. du Maine-et-Loire*, Q, vente de biens nat., registre IV.

Madame de la Pelouze en dota l'hospice de Saumur qui vendit les deux fermes à Barillet.

En 1789 les Eponneries étaient affermées aux frères Beaulieu.

### La Brosse ou Brousse

La Brosse était aussi au prieuré de la Fougereuse comme en fait foi le bail de 1693. Cette terre fut cédée à la famille Piet de Beaurepaire à la charge d'un cens annuel de 200 francs. Cette charge envers le prieuré est rappelée dans le registre des recettes de 1781. « Cens, 200 livres de rente sur la Brosse de Saint-Maurice, dues par M. Piet de Beaurepaire. » (1).

C'est dans le champ proche la ferme actuelle que se trouvait le fameux chêne des Anglais, abattu il y a quelques années.

### Les Arcis

Ce village placé entre la Brousse et la ferme de l'Etang n'existe plus aujourd'hui. Son nom, comme nous l'avons dit plus haut, rappelle un lieu fortifié ou un camp. La métairie des Arcis était au prieuré de la Fougereuse et figure à côté de la Brosse, du Quarteron et de l'Etang parmi les fermes données à bail le 17 janvier 1693. Les terres de cette ferme furent réunies à l'Etang.

Dans un procès entre Anne Tiercelin prieure de la Fougereuse et Charité Savary, veuve de Pierre Potet, il est dit que Andrée de la Chapelle, prieure, avait en 1517 baillé à titre de vicairerie à défunt Yve Potet et à son épouse le lieu et métairie des Arcis, situé près l'étang de *Viau*, paroisse de Saint-Maurice.

### L'Etang autrement la Donatière

C'est sous cette double dénomination que la métairie est désignée dans le bail de 1693.

L'Etang et sa borderie étaient affermés par la prieure de la Fougereuse en 1789 à Louis Taillée et à Françoise Vinsonneau, sa femme.

Le 22 juin 1791, l'Etang fut vendu nationalement pour 7.450 livres à Etienne Amant, aubergiste à Vihiers, René Pauvert

(1). *Arch. dép. du Maine-et-Loire*, H, prieuré de la Fougereuse, registre I. — (2). *Arch. dép. d'Ille-et-Vilaine*, H, prieuré de la Fougereuse, 2 H 2, 70.

huissier à Martigné et Charles François Duquesne, notaire au même lieu (1).

L'Estang ou Donatière a depuis appartenu à Jeannet, curé des Cerqueux et consorts, à Brit. à Vallée et à Mabille.

### La Grande Cigogne et la Garnière

Ces deux terres faisaient partie du domaine de Beaurepaire, gentilhommière située sur la paroisse de Cléré.

### La petite Cigogne et le Coudray

Ces terres dépendaient de la maison noble de Bretignolles. Cette haute justice relevait par moitié du Comté de Passavant et de la baronnie d'Argenton-Château. Le premier seigneur que nous connaissions est Jean Foresler, 1440; Bretignolles passe aux Royrant qui le possèdent dès 1563. Cette famille obtint le 20 may 1633, de Monseigneur l'évêque de Poitiers, la permission de faire célébrer la messe à la chapelle de Bretignolles. Cette seigneurie est aux Herreau en 1668.

Marie Herreau épousa Guy Poulain et lui apporta en dot la seigneurie de Bretignolles. La petite Cigogne et le Coudray relevaient du chapitre du Puy-Notre-Dame. En 1729, Guy Poulain en faisait l'aveu aux chanoines, ce domaine appartient aujourd'hui à M. de Juigné. Les anciens titres de Bretignolles en 6 grosses liasses ou registres sont dans l'abandon à la ferme actuelle.

Une sentence par défaut de la Sénéchaussée de Saumur en 1737 et un arrêt du Parlement de Paris en 1744 condamnèrent Guy Poulain à servir au chapitre du Puy une rente annuelle de 507 boisseaux de seigle et de 194 boisseaux d'avoine sur les dites métairies (2).

Le Coudray est désigné sur les anciens actes par le nom de Coudray-Ragueneau et Coudray-Roulleau. En 1783, ces deux fermes avaient passé de la famille Poulain à M. Demazière ; sa fille, Charlotte, Agathe, l'apporta en premières noces à M. Rabouin et en deuxièmes noces à Gabriel Brunet Brossay la Rivière.

La rente due au chapitre fut confisquée par l'Etat en 1790. Le registre des recettes des biens nationaux de cette année porte que

(1). *Arch. dép. du Maine-et-Loire*, Q, vente de biens nationaux, reg. IV. — (2). *Arch. dép. du Maine-et-Loire*, G. 1521.

la rente due par le Coudray-Roulleau au ci-devant chapitre du Puy-Notre-Dame, devenue rente nationale, a été acquittée par Rabouin, époux d'Agathe Demazière, soit : 522 livres, pour 360 boisseaux bled seigle, 60 livres pour 120 boisseaux avoine, 4 oies, 6 chapons, 9 poules, et de cens 4 livres 1 sol.

De même la rente due sur la petite Cigogne au ci-devant chapitre a été acquittée par Rabouin, soit : 213 livres 3 sols pour 147 boisseaux bled seigle ; 37 livres pour 74 boisseaux avoine, 6 oies, 6 chapons, argent pour cens 30 sols (1).

Non loin du Coudray, on vénère la fontaine de Saint-Francaire, père de Saint-Hilaire ; c'est là, au lieu dit aujourd'hui le Bas-Mureau, que vécurent les parents du grand docteur. On se rend en pélérinage à cette fontaine dans les temps de sécheresse pour obtenir de la pluie.

Le Coudray après avoir appartenu aux Brunet la Rivière et à d'Angély a été vendu partie à Jollivet, partie à Merle. Cette portion est aujourd'hui à Blain. La petite Cigogue aux Brunet et à d'Angély a passé à Besnard, à Brunet et à Girardeau.

## Le Plessis-Randeau

Nous connaissons la signification de ce vocable ; placé sur une éminence, ce lieu fut un établissement Franc. Le Plessis du Randeau était au chapitre du Puy-Notre-Dame et relevait de de la baronnie de la Haye-Fougereuse à foy et hommage simple, d'après un aveu de 1696 (2). Le registre des recettes des biens nationaux pour 1790 porte que la borderie du Plessis-Rondeau située paroisse de Saint-Maurice relevait du prieuré-cure de Saint-Paul du bois et qu'elle avait été affermée pour 9 ans finissant en 1794.

Cette borderie fut vendue nationalement à Mademoiselle Coquin, veuve Pihouet, pour 800 livres (3).

Depuis, nous trouvons le Plessis-Rondeau dans la possession de Guignon Dumoulin, de Pelletier et enfin de Lemot.

## Le Quarteron

Ce nom, nous l'avons vu, provient originairement d'un quart de la masure et s'appliquait à une demi-borderie. Le quarteron de Saint-Maurice, divisé en deux terres, appartenait en partie au

(1). *Arch. dép. des Deux-Sèvres*, Q. 177. — (2). *Arch. dép. du Maine-et-Loire*, G. 1506. — (3). *Arch. des Deux-Sèvres*, Q, 177.

prieuré de la Fougereuse; le Quarteron figure au bail de janvier 1693 ; les revenus paraissent avoir été affectés plus spécialement à l'entretien du culte dans le prieuré. Le Quarteron, *dépendance de la ci-devant chapelle* de la communauté de la Fougereuse, fut vendu le 19 mai 1791, pour 2.000 livres, à Claude Gaillard (1). Les héritiers de Claude Gaillard ayant été déclarés déchus par l'Etat (2) le gouvernement revendit la borderie du Quarteron pour 1.350 fr. à Henri Fouquet, le 15 septembre 1814 ; dans l'intervalle les revenus en avaient été donnés à la Légion d'honneur. La borderie a passé à Carquet, Méteau et Pineau. L'autre ferme était à Madame veuve Menout Lesourd, à Thouars, le 23 prairial, an VI, (état des sections), puis à de Romans, du Landreau et Jouin.

C'est au Quarteron que mourut Charlotte Louise de Richeteau à l'âge de 34 ans ; elle est dite épouse de Gabriel Brunet Brossay ; elle fut inhumée le 10 juin 1797 à Saint-Maurice par l'abbé Jarry.

(1). *Arch. du Maine-et-Loire*, Q. vente de biens nationaux, 1re origine, registre VI. — (2). *Arch. des Deux-Sèvres*, Q. 155.

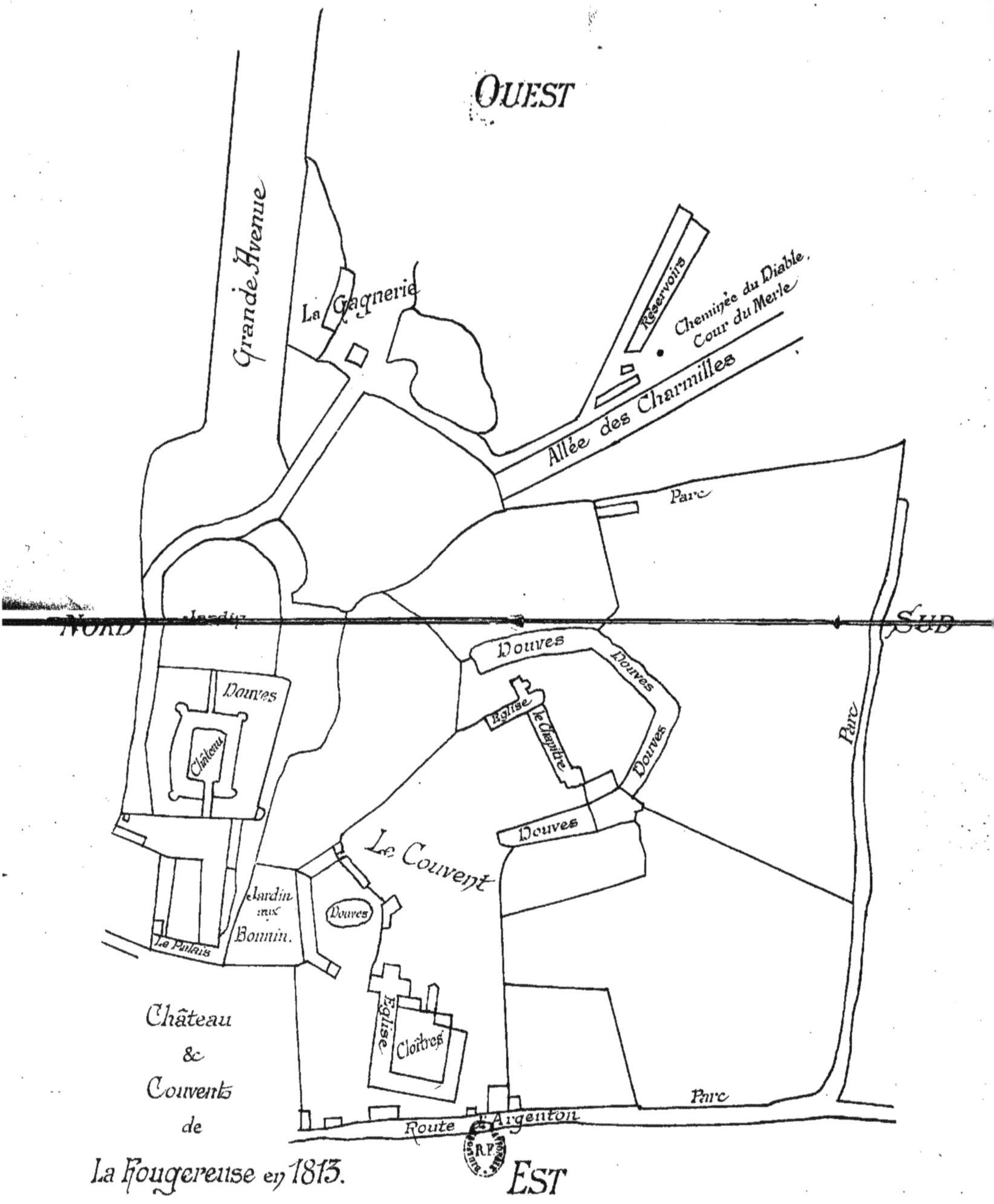

OUEST

Grande Avenue

La Gagnerie

Réservoirs

Cheminée du Diable.
Cour du Merle

Allée des Charmilles

Parc

NORD

Jardin

SUD

Douves

Douves

Douves

Douves

Eglise

le Chapitre

Château

Parc

Douves

Le Couvent

Jardin aux Bonnin.

Douves

Le Palais

Eglise

Cloîtres

Parc

Route d'Argenton



EST

Château
&
Couvents
de
La Fougereuse en 1813.

## LIVRE IV

# Le Prieuré de Sainte-Marie-Madeleine

## DE LA FOUGEREUSE

## CHAPITRE I

### FONDATION DU PRIEURÉ

Don Estiennot, dans ses antiquités Bénédictines de l'ancien diocèse de Poitiers, parte IV, folio 157, avait publié sur le monastère les lignes qui suivent (1) : « Cœnobium Beatœ Mariæ de Fulgerosa Sanctimonialium ordinis Benedictini, vulgo *La Fougereuse,* Situm est in decanatu Bercorii prope ipsum Bercorii oppidum vulgo *Bressuire.* Authorem habet Radulphum de Fusteya Ensionensem monachum et Vitalis de Mauritonio ac Roberti de Abrissellis socium, qui quidem, Toparchis vicinis opem ferentibus, hujus Parthenonis fundamenta jecit circa annum 1104 et suo Sancti Sulpicii prope Rhedonas cœnobio, in quo vixit ac sepultus est, subjecit, ut asserunt abatissa et conventus Sansulpiciani sed negant Priorissa et conventus Fulgerosœ. »

Avec l'impartialité de l'historien qui cherche à se documenter, D. Estiennot nous expose que l'auteur du monastère d'après l'abbesse et le couvent de Saint-Sulpice serait Raoul de la Fustaye, moine d'Ension (Saint-Jouin-de-Marnes), compagnon de Vital de Mortagne et de Robert d'Abrissel, lequel avec les ressources fournies par les seigneurs voisins aurait jeté les fondements de ce couvent de vierges vers l'an 1104 et l'aurait soumis à son monastère de Saint-Sulpice près Rennes où il vécut et re-

(1). *Bibl. de la ville de Poitiers,* D. Fonteneau, LVIII, 1187.

çut la sépulture ; ce que nient la prieure et le couvent de la Fougereuse.

L'existence en Vendée d'une vieille terre seigneuriale, portant le nom de Loge-Fougereuse, près d'une paroisse dédiée à Saint-Maurice, avait fait supposer à D. Estiennot que le domaine où s'élevait notre prieuré pouvait provenir d'Aimery Bodin et de son épouse qui en avaient doté les moines de l'Absie. Ceux-ci l'auraient retrocédé à Raoul de la Fustaye, compagnon de Girault de Sales, fondateur de l'Absie. Le prudent annaliste se se fiait peu toutefois à la synonymie des localités et ajoutait *qu'il le conjecturait, qu'il ne l'affirmait pas*(1). « Forte prædium Fulgerosæ in quo stat cœnobium illud ipsum est quod Aimericus Bodin et uxor ejus concessere libere et pacifice possidendum monachis Absiœ, qui et patri suo Radulpho de Fusteya Geraldi Salis Absiœ fundatoris socio dimisere, ut in eo sanctimonialium cœnobium ædificaret, sed id quidem conjicio, non assero. »

Les Moniales de la Fougereuse avaient raison ; l'origine de leur prieuré remontait à une date bien plus reculée. La tradition locale en assignait la fondation en l'an 820 par le seigneur de la Fougereuse, en faveur de sa fille unique.

Trop chrétien pour s'opposer à la volonté de son enfant, le père avait du moins cherché à tempérer les amertumes du sacrifice, en fondant à quelques pas de son manoir de la Cour au Merle le monastère où désormais devait vivre sa fille.

D'après le cartulaire de l'abbaye de Toussaint (2), le prieuré de Fougereuse fut fondé en 820, sous Louis le débonnaire par Hugo de Fulgerosa.

Le mémoire sur l'Anjou de M. de Miroménil, parlant de l'élection de Montreuil-Bellay, page 33, affirme le même fait avec quelques variantes : « Il y a aussi un prieuré de l'ordre de Saint-Benoit à la Fougereuse, de 7.000 à 8.000 livres de revenu, fondé par Agnès *(sic)*, fille de Guy, seigneur de la Fougereuse, qui donna sa maison pour y bâtir un monastère ; il relève de Saint-Sulpice en Bretagne (3). »

Dans son histoire générale du Poitou, publiée en 1885, IV, 190, le chanoine Auber, au milieu d'assertions fantaisistes, relate lui aussi la date de 820 pour l'établissement du Prieuré.

(1). D. Fonteneau, T. LVIII, folios 1187 et 1189. — Dom Estiennot mourut à Rome le 20 juin 1699. — (2). *Bibl. de la ville d'Angers*, manuscrits, V, page 895. — (2). *Archives d'Anjou*, par Paul Marchegay, I.

Nous avons eu la bonne fortune de retrouver une copie, remontant au 16e siècle, de l'acte de fondation qui fixe désormais d'une façon irrécusable ce point intéressant de l'histoire locale ; nous en donnons ci-dessous la teneur (1).

« In nomine Patris et Filii et Spiritus Sancti. Amen, Jesus. Ego Guydo de Fulgerosa, militiœ corona donatus et hujusdem loci Dominus, Terram Sanctam videlicet Hierusalem invisere instituens et apud me proponens, Deo Omnipotenti filiam meam unam Aviam in prœstituto loco de Fulgerosa obnixe dedico et in hostiam destino et uti Pater Abraham filium suum Isaac obtulit et sacrificio Deo exhibuit, in quidem loco dotis et fundationis nomini sanctarum monialium Sancti Benedicti ordine cœnobium constituo, et domum in Dei Omnipotentis atque Ardentissimi humani generis Redemptoris et Beatæ Mariæ Magdalenæ honorem exorno ut in posterum illic filia Deo inserviat et honoret, et dicto cœnobio dictam filiam prœesse *discerno,* omnia bona obstringo et dono in primis merum ac mixtum imperium dicti loci, cum omni jure dependenti ut puta bladorum mensuræ, vini, sigilli contractuum, dono denique venationum, in vagis omnia jura a Domino Thierry Andegavo Comite quœ tenere confiteor ratione scilicet Andegavis castri, qui omni jure dictam fundationem liberavit, pariter omni onere *eximuit ?* Actum in prædicto loco de Fulgerosa, anno ab Incarnatione Domini, octocintesimo vigesimo, regnante Ludovico de bonayre rege et Sigisbrano Pictavorum prœsule, sub dicti loci sigillo quo *discerno* uti, in dicto loco quœ prœmissa sunt confirmari et approbari volo. »

Voici la traduction littérale de cet important document.

Au nom du Père et du Fils et du Saint-Esprit. Ainsi soit-il. Jésus.

Moi, Guy de la Fougereuse, honoré de la couronne de la milice (2) et seigneur de ce même lieu, ayant la pensée et la résolution de visiter la Terre Sainte, à savoir Jérusalem, je consacre instamment au Dieu Tout-Puissant, dans le dit lieu de la Fougereuse, ma fille unique, Avoie et je la voue comme une hostie à l'exemple du vénérable Abraham qui offrit et fit à Dieu le sacrifice de son fils Isaac ; dans le dit lieu, à titre de donation et de fondation j'établis un monastère de Saintes-Moniales, dans l'ordre de Saint-Benoit et j'orne amplement un temple en l'honneur

(1). *Arch. dép. d'Ille-et-Vilaine,*, H, abbaye de Saint-Sulpice des Bois, prieuré de la Fougereuse, liasse 2 H 2, 69 ; trois autres liasses 70, 71, 72, concernent notre prieuré. — (2) Du Cange, *Glossaire*, V, 382, se sert d'une expression similaire : *honore militari donatus.*

de Dieu Tout-Puissant, et du très aimant Rédempteur du genre humain et de la Bienheureuse Marie-Madeleine afin que ma fille y serve et honore Dieu par la suite, et je veux que ma dite fille soit placée à la tête du dit monastère : J'y attache et donne tous mes biens, tout d'abord la suzeraineté absolue et mixte du dit lieu avec tout droit qui en dépend comme le droit de mesure des blés, de vin, de sceau des contracts, enfin *de chasses ?* D'une manière générale tous les droits que j'avoue tenir de mon seigneur Thierry, comte d'Angers en raison du château d'Angers, lequel seigneur a libéré de tout droit la dite fondation et l'a pareillement exemptée de toute charge. Passé au dit lieu de la Fougereuse, l'an de l'incarnation du Seigneur huit cent vingt, sous le règne de Louis le Débonnaire, Sigisbrand étant évêque de Poitiers ; sous le sceau du dit lieu dont j'entends me servir je veux que ce qui précède soit confirmé et approuvé dans le dit lieu.

Telle nous est parvenue la donation de Guy de la Fougereuse par une copie du 16e siècle. A supposer que la copie fut fautive en certains passages, le fait de l'établissement du monastère par Guy de la Fougereuse est indéniable.

L'abbaye de Saint-Sulpice des Bois après avoir longtemps revendiqué comme sienne la fondation de ce prieuré reconnut en fin de compte au dix-huitième que « *suivant une vieille pancarte étant au trésor de la Fougereuse* la fondation primitive du prieuré de la Fougereuse remontait *à l'an 820.* »

Malheureusement la *vieille pancarte* a subi le sort des archives du prieuré ; le fonds de la Fougereuse a péri dans l'incendie de la Préfecture des Deux-Sèvres en 1807. Le document que nous possédons suffit toutefois à établir l'importance de la Fougereuse à la mort de Charlemagne. Six ans après le décès du grand empereur, Guydo de Fulgerosa a la suzeraineté du pays ; avec la foi vive qui caractérise cette époque, il entreprend le lointain et périlleux pélérinage de Terre Sainte. Il n'a qu'une fille qui, elle-même, veut se donner à Dieu. Le pieux seigneur avant de s'éloigner construit un monastère qu'il dote de tous ses biens ; mais en bon féodal il entend mettre sa fille à la tête de cette fondation, soumise à la règle de Saint-Benoit.

Dès le VIIIe siècle, il y eut en France une tendance marquée à imposer aux communautés d'hommes et de femmes la règle du grand Cénobite. Charlemagne, dans les capitulaires d'Aix-la-Chapelle, pose la question : utrum aliqui monachi esse possint prœter eos qui regulam Sancti Benedicti observant ? Et la résoud négativement (1). Le prieuré de la Fougereuse appartint donc dès son berceau au grand ordre Bénédictin.

Un autre fait se dégage du document que nous avons cité, c'est l'existence en 820 de la chapelle de Sainte-Marie-Madeleine.

Ce fut à l'ombre du manoir paternel que la première prieure, Avoie, dirigea les moniales qui répondirent à son appel. Son monastère, modeste à ses débuts, s'éleva près de la chapelle Sainte-Marie-Madeleine dont il prit le nom, entre la Cour au Merle et l'Eglise paroissiale, à quelque cent mètres de l'une et de l'autre. De ces constructions primitives, il ne subsiste plus qu'une absidiole de l'antique église, encore connue sous le nom de *Chapelle des Vœux*. Après avoir été ruinée par les protestants et incendiée par les soi-disant patriotes de 1794, l'Eglise Sainte-Marie-Madeleine est devenue comme une sorte de carrière dont les pierres ont été dispersées çà et là. Il est à souhaiter que le propriétaire actuel dont la famille tient au pays depuis deux siècles ne fasse pas disparaître ce dernier reste d'un monument contemporain pour le moins de Charlemagne.

Nous n'avons aucun document sur la période qui s'écoula depuis la fondation du prieuré en 820 jusqu'aux premières années du 12e siècle.

Lorsque les terreurs de l'an 1000 qui devait, disait-on, marquer la fin du monde, se furent dissipées, on se reprit avec ardeur à réparer et à édifier des églises. Ce fut une époque de rénovation générale des cœurs comme des monuments sacrés. Les monastères participèrent à ce renouveau ; d'ardents apôtres allaient y entraîner par leur éloquence et leur sainteté une foule de pieux disciples.

(1). *Patrologie latine*, Migne XXVII.

## CHAPITRE II

## LE PRIEURÉ SOUS LA RÈGLE DE RAOUL DE LA FUSTAYE (1117)

### I. — Les Moniales

Le B. Robert d'Arbrissel, docteur de l'Université de Paris, archiprêtre de Rennes et prédicateur de la première croisade, venait de fonder, en l'an 1100, l'ordre de Fontevrault. Un de ses compagnons, Raoul de la Fustaye, élevait à son tour, à 15 kilom. de Rennes, sur la lisière de la forêt du Nid de Merle, la célèbre abbaye de Saint-Sulpice des Bois. Il lui donnait les règles que Robert d'Arbrissel avait faites pour Fontevrault (1), c'est-à-dire qu'il fit construire deux monastères, l'un de femmes, gouverné par une abbesse supérieure de tout l'établissement, et l'autre d'hommes, soumis aux religieuses, en souvenir de l'obéissance de saint Jean l'Evangéliste à la sainte Vierge, retirée chez lui.

La règle qu'il donna aux femmes fut celle de saint Benoît; il y ajouta des règlements qui portaient, entre autres choses, qu'elles ne rompraient le silence que dans le chapitre, pour s'y accuser de leurs fautes et dans le chœur pour y chanter les louanges de Dieu; qu'elles s'abstiendraient même de parler par signes, à moins que la nécessité ne les y obligeât ; qu'elles feraient elles-mêmes la cuisine ; qu'elles ne sortiraient jamais du cloître ; que les prêtres n'entreraient jamais dans la maison, non pas

(1). *Pouillé historique de l'archevêché de Rennes*, T. II, p. 304 et seq. — Guillotin de Corson.

même pour administrer les derniers sacrements aux malades, mais que l'on apporterait les religieuses infirmes à l'église pour les y recevoir ; qu'elles ne verraient personne du dehors sans la permission de l'abbesse et sans témoins ; qu'elles ne mangeraient point de viande, même dans leurs maladies ; qu'elles entreraient à l'église et en sortiraient toutes ensemble et qu'elles ne se plaindraient ni de la couleur ni de la qualité des étoffes dont on les habillerait (1).

L'habit des religieuses était blanc ; une jupe de laine d'une étoffe très fine, un rochet de batiste bien plissé, une guimpe, une ceinture noire, des bas et des souliers blancs, et pour coiffure un voile noir. Lorsqu'elles allaient à l'église, les religieuses mettaient par dessus leur vêtement ordinaire l'habit de chœur. C'était une longue robe d'étamine noire, assez semblable à celle que portent les avocats. L'habit des religieux était noir et absolument semblable à ce que nous nommons aujourd'hui un Karick, mais il avait de plus, au haut de la rotonde ou mantelet, un petit capuchon, et au-bas, devant et derrière ce mantelet, une pièce carrée de la grandeur de la main ; on nommait cette pièce *le Robert* (2).

Les religieuses furent astreintes plus tard au grand office. A minuit précis, elles récitaient *Matines* et *Laudes*, *Prime* à 7 heures ; à 8 heures, *Tierce*, suivie de la grand'messe, après laquelle on récitait *Sexte* ; *None* se disait à midi ; Vêpres à 3 heures et Complies à 6 heures (3).

Le corps d'une religieuse décédée était revêtu de l'habit de chœur, porté au cimetière de la communauté et déposé sans bière dans la fosse.

Tels furent les règlements donnés à ce nouveau rameau de l'ordre Bénédictin par Robert d'Arbrissel et Raoul de la Fustaye. Au moment où éclata la Révolution, l'abbaye de Fontevrault avait sous sa dépendance 57 prieurés comprenant environ 1500 religieuses ; il existe encore trois maisons de cet ordre : l'une à *Boulauc*, dans le Gers ; l'autre à *Brioude*, Haute-Loire ; et la troisième à *Chemillé*, Maine-et-Loire. Celle-ci fut la première établie après la Révolution par une ancienne Fontevriste, sous le vocable de Sainte-Marie de Fontevrault. La prieure de Chemillé obtint du gouvernement, en 1847, la remise des restes du B.

(1). D. Lobineau, *Vie de Robert d'Arbrissel.* — (2). *Recherches historiques sur la ville de Saumur et ses monuments*, Bodin, T. I. 142. — (3). Cérémonial de Fontevrault, 1628.

Robert d'Arbrissel, qui reposaient dans l'ancienne abbatiale de Fontevrault, convertie en maison centrale de détention (1).

L'abbaye de Saint-Sulpice des Bois eut de son côté, sous sa dépendance, jusqu'à 33 prieurés de femmes ; en 1679, 25 prieurés et 12 cures ou vicairies. L'abbesse, exempte de la juridiction de l'évêque de Rennes, relevait directement du Saint-Siège ; elle présentait elle-même aux prieurés, cures et bénéfices de son monastère ; elle avait le droit de visiter ses prieurés. Quand elle les visitait elle-même, on devait la recevoir solennellement à la porte de l'église et chanter le *Te Deum* ; dans cette circonstance, on portait la crosse devant elle.

A la Révolution, la communauté de Saint-Sulpice se composait de 17 religieuses de chœur, d'une novice et de 8 sœurs converses ; il s'y trouvait en outre 2 chapelains, plusieurs pensionnaires appartenant presque toutes à la noblesse et un assez grand nombre de domestiques. Chassées de leurs solitudes, ces saintes filles se retirèrent dans leurs familles.

L'église abbatiale, en ruines, présente un aspect pittoresque ; c'est une vaste croix romane terminée par trois absides ; ses énormes pans de murailles, les gigantesques arceaux de son intertransept, l'escalier grossier qui conduisait à la tour centrale, la chapelle sépulcrale des bienheureux Raoul de la Fustaye et Aubert, les immenses blocs de pierre dressés là où fut l'autel et surmontés d'une croix seule debout au milieu de ce bouleversement général, les arbres qui s'élèvent dans la nef, formant une voûte de verdure, les débris d'autel et de tombeaux gisant çà et là au milieu des broussailles composent un ensemble d'une incontestable poésie et d'un grand intérêt (2).

C'est en 1117, l'année même où mourait Robert d'Arbrissel, que le prieuré de la Fougereuse fut donné à Robert de la Fustaye, par Guillaume Ier, évêque de Poitiers ; l'acte de cession fut passé à Montreuil-Bellay. «... dono et concedo ecclœsiam Dei et Sanctæ Mariæ-Magdalenæ, quœ est sita in parrochia Fulgerosiæ et fundata in Plesseio Cofredi, ad opus Sanctimonialium Sancti Sulpicii ». Je donne et concède pour le service des Moniales de Saint-Sulpice l'église de Sainte-Marie-Madeleine, qui est située sur la paroisse de la Fougereuse et qui a sa dotation au Plessis Cofred (bourg actuel de Saint-Maurice) (3).

(1). *Un prieuré de Fontevrault au XIXe siècle*, par l'abbé G. Chalubert. — (2). *Pouillé de l'archevêché de Rennes*, II, 326, par Guillotin de Corson. — (3). *Arch. départ. d'Ille-et-Vilaine*, fonds Saint-Sulpice des Bois, *Prieuré de la Fougereuse*, 2 H 2. 69.

Le prieuré, déjà trois fois séculaire, va reprendre une vie nouvelle, sous l'impulsion du moine sorti de l'antique abbaye d'Ension (Saint-Jouin-de-Marne) ; trop à l'étroit dans ses limites primitives, il s'agrandit bientôt en englobant dans son enclo-ture l'église paroissiale qui l'avoisine.

A la demande de la prieure, Guillaume Ier lui permet de transférer l'église paroissiale et la cure à la condition de les construire sur son territoire et de donner au nouveau temple le vocable de Saint-Maurice et de ses compagnons martyrs. L'acte fut passé au cloître de la Fougereuse, en 1119. Nous l'avons transcrit dans la première partie de ce travail, en parlant de l'organisation paroissiale.

L'année même ou mourait Raoul de la Fustaye, en 1129, Guillaume II, évêque de Poitiers confirmait en ces termes la donation de son prédécesseur.

« Ego Guillelmus secundus... quocircà exempla Guillelmi prœdecessoris nostri sequendo, petitioni vestræ acquiescentes, Capellam Beatæ Mariæ Magdalenœ quæ est in parochia Eclesiæ de Fulgerosa et ipsam ecclesiam de Fulgerosa sub censu II solidorum Andegavensis monetæ matrici Pictavensi Ecclesiæ annuatim solvendo et capellam de Valle coloris (Saint-Jean de Vaucouleurs, paroisse de Massais) et capellam de Verilec (Saint-Lienne, paroisse de Moutiers), sub censu II solidorum canonicis de Sancti Petri de Thoarcio in præsentia statuto singulis annis reddendo, cætera que in episcopatu nostro cum assensu Pictavensis ecclesiæ acquisita vel acquirenda damus et concedimus quiete habenda et in perpetuum possidenda... actum anno ab Incarnatione Domini millesimo centesimo vigesimo nono. »

Guillaume II, imitant son prédécesseur, faisait droit à la demande de l'abbesse de Saint-Sulpice et lui donnait à perpétuité la chapelle de Sainte-Marie-Madeleine et l'église de la Fougereuse sous l'obligation de payer chaque année deux sous de cens, monnaie angevine, à l'église Matrice de Poitiers ; il lui cédait en même temps la chapelle de Vaucouleurs et celle de Vérillé à la condition de payer chaque année deux sous de cens aux chanoines de Saint-Pierre de Thouars. Le même évêque confirmait encore ce don à Marie de Blois, abbesse de Saint-Sulpice, en 1131.

Quatre papes dans le cours du 12e siècle citeront dans leurs bulles à l'abbaye de Saint-Sulpice l'église de Sainte-Marie-Madeleine parmi ses dépendances ; Callixte II, 1119, Innocent II en 1130, Eugène III en 1145, Alexandre III en 1161 : in episcopatu

Pictaviensi ecclesiam Sanctæ Magdalenæ quœ dicitur Fulgerosa cum omnibus pertinenciis suis (1). Clément VIII le rappellera plus tard en 1601.

Parmi ces dépendances qui faisaient déjà partie du domaine du prieuré de la Fougereuse avant qu'il eut été donné à l'abbaye de Saint-Sulpice des Bois, nous avons pu relever le nom de la chapelle de Vaucouleurs à Massais, paroisse voisine de Fougereuse (2) ; celui de la chapelle de Vérillé, qui forma le prieuré de Saint-Lienne, paroisse de Moutiers. Les pièces qui s'y rapportent sont jointes au dossier de Vaucouleurs, aux archives départementales d'Ille-et-Vilaine.

Nous avons eu l'occasion de parler de ce petit prieuré, lieu de pélérinage encore célèbre, dans notre brochure sur *le Moustier de Saint-Rufin*, pages 93, 94, 95 et 96. Nous ne résistons pas au plaisir de reproduire ici une pièce inédite concernant Vérillé et certaine dépendance de la Fougereuse. Nous en devons la communication à la bienveillance de M. Parfouru, archiviste d'Ille-et-Vilaine (3).

« P. decanus Bercorii, dilectis in Christo universis presentes literas ins pecturis, salutem in Domino. Ea que pace vel judicio terminantur idcirco solent scripture testimonio roborari, ut per hoc in futurum eorum que acta sunt possit veritas comprobrari *(sic)*.

Ea propter universitati vestre per presens scriptum notificari cupio quod, cum inter nobilem virum E. de Rupeforti et Moniales de Fogerosa super quadam terra de Bostru et medietate prati eidem terre conjuncti coram me controversia diucius acta fuisset et inspectio adjudicata et facta, tandem idem E..., recepto juramento trium bonorum hominum in presencia mea quod predicta terra et prati medietas de jure esset predictarum monialium, secundum quod fuerat in inspectione monstratum, eamdem terram cum prati medietate quitavit tanquam jus earum, habendam in perpetuum et pacifice possidendam. Preterea, de quodam chareagio quatuor boum quod idem E. in helomosina de Verille semel in anno petebat, voluit et concessit quod, si custos supradicti loci quatuor boves vel duos tantum haberet, cum tot bobus quot habebit predictum chareagium ei faciet semel in anno. Si autem nullos boves aut nullam cadrigam habuerit, nullum faciet chareagium. Concessum etiam fuit quod,

(1). *Bibl. de la ville de Rennes*, manus. cartulaire de Saint-Sulpice des Bois. — (2). Quatre liasses concernent ce prieuré, sous la cote 2 H 2, 123, 124, 125, 126, aux *Arch. dép. d'Ille-et-Vilaine*. — (3). 2 H, 2 69.

si domus de Verille facultatem habuerit ad duas Moniales tenendas, due erunt ibidem cum capellano. Acta sunt hec coram me apud Bercorium, videntibus et audientibus P. de Ozaio, de Codra, M. de Veteri Focherosa, P. de Monasterio, capellanus ; P, Beate Marie de Bercorio, priore, magistro M. de Toarcio et magistro G. de Chalandrai ; P. Rigaut, milite, J. Pele, P. Comitis et P. de Bosenello, laicis, et multis aliis. Ut autem hec omnia firma serventur, ego et predictus E. de Rupeforti presentes literas sigillis nostris fecimus sigillari. » (Original parchemin ; écriture de la fin du 12e siècle. Les deux sceaux pendants ont disparu ; il ne reste plus que les lacs de soie brune).

Par cet acte passé à Bressuire, E. de Rochefort reconnait le bien-fondé des réclamations des Moniales de la Fougereuse au sujet de la terre de Bostru ; il se montre conciliant pour le charroi qui lui est dû une fois par an à l'Aumônerie de Verillé ; on tombe d'accord pour mettre au petit prieuré de Vérillé deux Moniales et un chapelain si la maison est en état de les recevoir. Parmi les témoins ecclésiastiques, nous relevons les noms de P. d'Ozay ; ...de la Coudre ; M. de Vieille-Fougereuse ; P. de Moutiers, chapelain, etc.

Au 12e siècle, la dotation du prieuré de la Fougereuse était déjà considérable. Deux actes de cette époque nous donnent les noms d'une prieure et de quelques religieuses. L'un sans date concerne un bail à rente des moulins d'Aumon aux environs de Bressuire ; il est passé par Oicia, priorissa Fulgerosæ, Juliana, supriorissa et Petrus, capellanus ejusdem ecclesiæ (1). Le second est un accord entre Robert de Sanzay et les religieuses de la Fougereuse, en 1197 au sujet de deux charrois dûs par le prieuré. Radulphus, prior Fulgerosæ ; Oice priorissa, N. Amorrys, oda de Bonnay etc., furent témoins de cet acte qui devait porter sur une de ses moitiés le sceau d'Argenton et sur l'autre le sceau de Saint-Sulpice. Il débute par cette élégante formule :

« Quod gerunt homines in fuga temporis rapit oblivio, nisi vivax occurrat littera quæ manere facit stabilius actiones... (2) ».

Avant de poursuivre à travers les siècles l'histoire du prieuré de Sainte-Marie-Madeleine et de ses Moniales, nous devons parler du monastère d'hommes qui lui fut adjoint, lorsqu'il se soumit en 1117 à la règle de B. Robert d'Abrissel.

(1). *Arch. dép. du Maine-et-Loire*, H, prieuré de la Fougereuse, liasse 3. — Pièce du XIIe siécle, original. — (2). *Arch. dép. d'Ille-et-Vilaine*, 2 H 2 70.

## II

### Le Monastère des Frères Condonats

C'est en 1119 que l'évêquê de Poitiers accordait à la prieure de Saint-Marie-Madeleine la maison curiale et l'église paroissiale de la Fougereuse. Cette cession avait pour but d'installer les moines Bénédictins ou frères Condonats qui d'après la règle d'Arbrissel devaient être soumis aux religieuses en souvenir de l'obéissance de Saint-Jean l'Evangéliste à la Sainte-Vierge, retirée chez lui.

Une petite colonie de religieux prit donc à cette époque possession de l'antique église de Saint-Pierre située dans le voisinage de la chapelle Sainte-Marie-Madeleine. Le prieuré des Moniales fut entourée de douves qui subsistent en partie. Les moines habitèrent auprès de l'ancienne église paroissiale ; il semble que plus tard, peut-être à la suite des ravages causés par les guerres anglo-françaises, ils soient venus demeurer au Plessis-Cofred à l'ombre de l'Eglise de Saint-Maurice, centre paroissial, créé par l'acte de cession de 1119. La tradition locale place, en effet, dans le bourg actuel de Saint-Maurice une communauté religieuse (1).

On ne sait à quelle époque disparurent ces monastères d'hommes adjoints aux maisons bénédictines de femmes.

Le seul souvenir qui soit resté du couvent des frères de la Fougereuse est la reconnaissance du patronage de Saint-Jean sur le bourg de la Fougereuse. Encore faut-il dire que sur ce point le véritable bénéficiaire a été frustré de ses droits. Comme nous le verrons par la suite, le prieuré tout entier fut à peu près détruit par les Protestants ; il fallut de longues années pour le relever de ses ruines. Lorsque, à la fin du 17e siècle, l'église Saint-Pierre fut reconstruite, le culte de Saint-Jean y fut restauré. La chapelle de droite passa sous son vocable, et sa statue vint en orner le portail si remarquable encore aujourd'hui malgré les sauvages mutilations de 1794. Mais entre temps Saint-Jean *l'Evangéliste* était devenu Saint-Jean-*Baptiste*. Cette erreur sur la personne du véritable patron s'accrédita par le fait des religieuses ; et une assemblée populaire, qui n'est plus qu'une ombre de ce qu'elle fut autrefois, se groupa le 24 juin à la Fougereuse pour

(1). *Arch. de l'évêché de Poitiers*, carton de la liturgie.

fêter chaque année le nouveau patron. La persistance de cette assemblée a contribué à laisser Saint-Jean-*l'Evangéliste* dans un oubli qu'il n'avait pas mérité.

Quelques noms des prieurs du couvent des frères sont parvenus jusqu'à nous. Frater Radulphus (Raoul), prior 1197, frater Guillelmus, prior 1217 ; frater Jacobus, prior 1281 ; frère Guillaume de Vaucouleurs 1385 ; frère Pierre de Cahiduc 1521 ; le service de la paroisse de Saint-Maurice était assuré par ces religieux.

Leur monastère avait été doté par les seigneurs de la contrée; ces biens rentrèrent dans le domaine des religieuses après la disparition de leur maison. Parmi les terres qui leur furent concédées se trouvait *La Ligerie*, don de Maurice Baglarge, ratifié par Raymond de Thouars, seigneur de la Fougereuse pour la partie relevant de Thouars, la veille de l'Epiphanie de l'année 1228.

« Raymundus de Thoartio, dominus de Fulgerosa ex parte thoarcensi, notum omnibus facio quod Mauricius Baglarge, meus homo, dedit Deo et *conventui Fratrum* de Fulgerosa totum feodum suum de Ligeria, in parochia Sancti Mauricii de Fulgerosa, anno 1228, mense januarii, vigilia Epiphanie (1).

Nous avons dit au précédent chapitre quel était le costume de ces frères adjoints aux monastères de femmes, d'où leur nom de Condonats (Condonati).

Le Pouillé de Gervais Alliot nous apprend que le prieuré de Fougereuse (hommes) avait 200 livres de revenus et pour patron l'abbé de Rhedon en Bretagne (2). Cet abbé avait donc à cette époque gardé le droit de collation du prieuré-cure de Saint-Maurice la Fougereuse ; dernier souvenir de ses droits sur l'ancienne communauté des *Frères Condonats*.

(1). *Mém. Soc. de stat. des Deux-Sèvres*, T. XIII, 2e série, *Cartulaire de Chambon*. — (2). *Bibl. nat.*

## CHAPITRE III

### LE PRIEURÉ, DU XIIIe SIÈCLE A LA RÉFORME

Un inventaire dressé le 19 juillet 1584 nous fait connaître l'existence au Chartrier de Saint-Sulpice des Bois de nombreuses pièces concernant le temporel du prieuré de la Fougereuse à partir du XIIe siècle. Entre autres, en 1237 Galfridus *Flocinière* ? abandonne à la prieure de la Fougereuse à dessein de prières, moyennant qu'elle tiendra deux religieuses pour faire prier pour son âme, le lieu de la Pettevinière et un moulin à Votegon *(sic)* (2). En 1270, le mardi d'avant la Saint-Martin, Guillelmus Cherruel, chevalier donnait à sa fille Alesia devant demeurer au monastère de la Fougereuse le fief de la Foucherie, paroisse des Cerqueux près Maulévrier (in Sarcofagis prope Maulevrer.)

Le mercredi d'avant les Rameaux, de la même année, Payan de Montours cédait au prieuré de Fougereuse pour la Rédemption de son âme ce qu'il possédait en la paroisse de Massais ; en 1271, Pierre Valet laissait 3 livres de rente à deux religieuses, ses sœurs au prieuré de Fougereuse.

L'évêque de Poitiers, Gauthier de Bruges, honoré comme

(1). *Arch. dép. d'Ille-et-Vilaine*, 2 H 2, 70. — (2). C'est à cette famille de la Flocellière ou Flocinière, qu'est due la fondation du petit prieuré de Saint-Georges de la Giraudière, paroisse de Saint-Amand. Une liasse cotée 2 H 2, 81 aux *Arch. dép. d'Ille-et-Vilaine*, contient des pièces se rapportant à ce prieuré. Voir aussi dans la *Semaine Religieuse de Poitiers*, 1894, p. 271, une note de M. Th. Gabard sur l'état actuel de la Giraudière.

bienheureux, venait de prendre possession de son siège en 1278; il se vit contesté par l'abbesse de Saint-Sulpice des Bois son droit de visite sur les prieurés de la Fougereuse, de Vaucouleurs, de Verilhé et de la Giraudière. Le différent fut réglé en sa faveur par acte passé à Parthenay, dans l'église de l'Aumônerie de Parthenay, « au crépuscule du vendredi après la fête de la Toussaint 1281 ». Nous devons à l'obligeance de M. l'abbé A. Collon, aumônier du pensionnat des Frères, à Poitiers, la communication intégrale de cette pièce inédite. L'abbesse de Saint-Sulpice était représentée à Parthenay par frère *Jacobus*, prieur de la Fougereuse lequel avait mandat de terminer l'affaire.

L'évêque de Poitiers régla son droit de procuration sur le prieuré de la Fougereuse et les trois prieurés de Vaucouleurs, de Vérilhé et de la Giraudière (1). Il décida que pour les dépenses faites par l'évêque en cours de visite le prieuré de Fougereuse paierait 4 livres et les trois autres prieurés six livres. Le prieur de la Fougereuse sur l'injonction de l'évêque dut encore payer pour les frais de la procédure cent sous, monnaie de Touraine, centum solidos turonenses ; Enfin pour réparer l'injustice commise à son égard, Gauthier de Bruges exigea qu'au premier jour de la visite qu'il ferait au prieuré de Fougereuse, le prieur, la prieure et ses Moniales iraient processionnellement le recevoir et se prosterneraient à terre à la porte de l'Eglise dudit prieuré. Agnès alors abbesse de Saint-Sulpice dut accepter la décision épiscopale.

C'est peut-être à la suite de la visite faite au prieuré de la Fougereuse pour en recevoir la réparation stipulée dans cet acte que le B. Gauthier de Bruges se rendit à la petite ville voisine de Vihiers et qu'eut lieu un miracle resté célèbre. Une croix antique dressée au lieu où s'élève aujourd'hui un édicule consacré à Saint-Martin s'inclina devant l'évêque à son passage comme pour témoigner de la sainteté de son fidèle serviteur.

Nous reproduisons ici dans son intégralité, l'acte par lequel Gauthier de Bruges, évêque de Poitiers, établit qu'il a droit de visites dans les prieurés de la Fougereuse, de Vaucouleurs, de Vérilhé et de la Giraudière (2).

« In nomine Domini. Amen. Anno ejusdem M° CC° octoge-

(1). Le droit de procuration était une certaine somme d'argent ou une quantité de livres que les églises fournissaient aux évêques ou autres seigneurs, dans leurs visites. Procurationes quasi Ecclesiæ ipsæ episcopum procurent, alant, tueantur. *Encyclopédie théol.*. T. X. Migne. — (2). *Arch. de la Vienne*, G. 1, 7 novembre 1281.

simo primo, indictione X, pontifficatus domini Martini pp. IV anno primo, VII idus novembris, videlicet die veneris post festum omnium Sanctorum. Pateat universis per hoc presens publicum instrumentum quod in presencia mei notarii et testium infrascriptorum ad hoc specialiter vocatorum et rogatorum, Frater Jacobus prior de Fulgerosa, Pictavensis diocesis, comparens procurator veritate cujusdam procuratorii cujus tenor de verbo ad verbum inferius est insertus subpposuit se et nomine procuratorio... Abbatissam et conventum Sancti Sulpicii Redonensis diocesis alto et basso, voluntati et ordinacioni reverendi patris in Christo ac domini fratris Galteri Dei gracia pictavensis episcopi, ita quod semel vel pluries, ubi et quando eidem episcopo placuerit, supra contencione mota inter eos supra visitatione et procurationibus. quas dictus reverendus pater racione visitacionis petebat in dicto prioratu de Fulgerosa et in prioratibus de Vallecoloris, de Verilhe et de la Giraudière Pictavensis diocesis, et supra dampnis et expensis inde sequtis et supra injuriis quas circa hoc dicebat idem... episcopus sibi et ecclesiæ Pictavensis per priorem de Fulgerosa... Abbatissam et conventum prœdictos irrogatas, posset ordinare pro libito voluntatis.

Qui dictus reverendus pater Pictavensis episcopus in se suscepta ordinacione predicta, dixit, voluit et ordinavit quod de cetero habeatur et recipiatur ad visitacionem et procuracionem in dicto prioratu de Fulgerosa et quod in predictis prioratibus de Vallecoloris, de Verilhe et de la Giraudière anno quolibet quo visitabit ipsos prioratus, ipsi tres prioratus unam procuracionem faciant eidem.

Injunxit etiam idem episcopus dicto priori de Fulgerosa quod pro expensis factis ab eodem episcopo in victualibus die qua declinavit ad dictum prioratum de Fulgerosa, visitacionis causa, quatuor libras, et pro expensis procuracionis sue de die qua visitavit dictos prioratus de Vallecoloris, de Vérilhe et de la Girondière sex libras, et pro expensis factis abeodem episcopo in prosequcione dicti negocii centum solidos turonenses solvat eidem. Ordinavit eciam idem reverendus pater dominus Pictavensis episcopus quod, prima die qua ad dictum prioratum de Fulgerosa ipsius visitacionis causa contigerit declinare, a priore et priorissa et monialibus ipsius prioratus processionaliter recipiatur, et janue ecclesie prioratus ejusdem posternantur ad terram. Idem vero dominus episcopus retinuit sibi protestatem ordinacionem suam faciendi prout, quando et ubi sibi videbitur expedire.

Predictus eciam prior de Fulgerosa juravit ad Sancta Dei evangelia se premissa inviolabiliter servaturum et in contrarium non venturum.

Tenor vero predicto procuratorio tatis est. Universis ad quos presentes littere pervenerint, Agnes permissione divina humilis abbatissa Sancti Sulpicii Redonensis diocesis et ejusdem loci conventus, salutemi in Domino.

Noveritis quod in causa seu causis quam vel quas reverendus in Christo pater G. Dei Gracia episcopus Pictavensis movet seu movere intendit contra nos racione procuracionum quas dictus reverendus pater petit a nobis seu petere intendit racione prioratus nostri de Fulgerosa et aliorum prioratuum nostrorum dicte diocesis Pictavensis, fratrem Jacobum priorem dicti prioratus de Fulgerosa exibitorem presencium nostrum constituimus procuratorem. Dantes eidem potestatem et speciale mandatum tractandi, paciffcandi, componendi cum dicto reverendo patre prout sibi melius viderit expedire supra premissis. Ratum habentes et gratum quicquid supra premissis cum dicto Reverendo patre per dictum'procuratorem fuerit ordinatum seu eciam procuratum. Promictentes sub y potheca rerum monasterii nostri et dictorum prioratuum, judicatum solvi et statutum observari ac eciam adimpleri, et hoc omnibus quibus signifficandum est signifficamus per presentes nostras litteras sigillis nostris sigillatis. Datum die veneris ante festum omnium Sanctorum apud abbaciam nostram, anno Domini M° CC° octogesimo primo.

Actum apud Partiniacum in ecclesia seu capella domus helemosinarie de Partiniaco in crepusculo dicti diei veneris, anno, indîctione, pontifficatus et die supradictis, presentibus venerabilibus viris magistris Johane archidiacono Toarcensi, Bartholomeo de Roffiaco canonico Pictavensi, Petro Raulleli Sancte Radegundis Pictavensis ecclesie canonico, Guillelmo archipresbitero de Partiniaco et Guillelmo de Ferraria et pluribus aliis testibus ad hoc vocatis specialiter et rogatis.

Et ego Guillelmus de Chypra Clericus engolismensis diocesis Romane Ecclesie auctoritate notarius publicus premissis presens interfui et hoc presens instrumentum propria manu Scripsi et in publicam formam redegi signo que meo solito signavi. »

Le Pouillé de Gauthier de Bruges rappelle ce droit de procuration en parlant des dits prieurés (1). «Prioratus de la Faugerouse

(1). *Bibl. de la ville de Poitiers, Grand Gauthier*, folio 144, recto.

videlicet prior et priorissa Monialium. — Prioratus de la Giraudière Monialium et prioratus de Virureilege in Berchorio et prioratus de Val — Le Coloris unam procuracionem in Thoarchio, de hoc extat publicum instrumentum in archa in qua superscribitur B. »

Un inventaire des titres de l'évêché de Poitiers, dressé au commencement du 14e siècle (1), contient la même affirmation. « In arca M..., in decanatu Thoarcii... Instrumentum quod episcopus Pictavensis habet procuracionem annuatim in prioratibus de Fulgerouse, de Valle Coloris, de Verilhe et de la Giraudière, Pictavensis diœcesis. »

Le prieuré de la Fougereuse continuait à être l'objet des largesses seigneuriales et voyait augmenter de jour en jour son temporel. En 1291, à la mi-août, soixante sous de rente perpétuelle lui étaient donnés sur la paroisse de la Codre (Coudre) ; en 1307, il recevait un moulin à eau à deux roues, sur l'Argenton, paroisse de Voultegon ; en 1312, Guillaume dict de la Fougereuse lui abandonnait deux septiers de rente de froment; autre don en 1370 (2); en 1405, la prieure faisait au sénéchal de Cerizay le dénombrement des biens de la Giraudière ; en 1424, noble homme Bertrand, seigneur des Noyers, paroisse de Lambillou, prenait rang parmi les bienfaiteurs du monastère. Le prieuré était alors gouverné par Jeanne de Quédillac qui devint plus tard abbesse de Saint-Sulpice (3). Jeanne Ferré lui succéda comme prieure. Nous avons d'elle un aveu rendu par procureur au sénéchal de Cerizay, le 7 mai 1441, pour les biens de la Giraudière. En 1454, la communauté est sous la direction d'Olive de Cahiduc ; un des actes de cette prieure se rapporte à la Nonnerie aux Echaubrognes, dépendance de la Fougereuse.

Andrée de la Chapelle est à la tête du prieuré à la fin du 15e siècle. En 1496, l'abbesse de Saint-Sulpice l'autorise à recevoir deux religieuses à son monastère. En 1517, elle admettait entre autres Moniales au prieuré de la Fougereuse dame Jeanne Tiercelin, sœur de Charles Tiercelin (4), seigneur de la Roche du Maine. Cette dernière fut nommée prieure en 1521. Ne pouvant se rendre à Saint-Sulpice des Bois pour notifier à l'abbesse sa

(1). *Arch. historiques du Poitou*, T. X. — (2). En 1383, Prior de Fougerosa cum prioratu de Granderia (Giraudière) devait au Saint-Siège XIIII g. ; à l'évêché (annates, procurations, droits de visite) Priorissa de Fougerosa LXX gros. Prior. de la Giraudière, de Villeio et de Valle coloris LXX gros ; au Doyen de Bressuire capellanus de Fougerosa VIII gros. *Arch. dép. de la Vienne*, G. 415, registre du taux du décime. — (3). Elle avait pour armes : d'argent à trois bandes de gueules. — (4). Ce seigneur, d'une vieille famille Poitevine, avait déjà, en 1516, doté le couvent de la Fougereuse.

nomination par Rome, elle donne procuration à Frère Pierre de Cahiduc et à Messire Pierre Guérin pour lui payer ses droits et devoirs, soit 36 sols. Anne Tiercelin, sa nièce, demande en 1525 son admission au prieuré ; son père Charles Tiercelin s'engage à payer 18 livres au terme de Pentecôte au sujet de cette pétition. On tombe d'accord en 1534 : Anne Tiercelin paiera 20 livres pour son entrée en religion. A la mort de sa tante en 1562, elle deviendra prieure ; Anne aura la douleur de voir son monastère si florissant ruiné de fond en comble par les bandes protestantes (1).

(1). Le 6 mai 1544, Jeanne Tiercelin, prieure de la Fougereuse, recevait du seigneur de la Rochejaquelein l'aveu de la Gerbaudière, à Voultegon.—*Arch. de la Durbelière.*

---

## CHAPITRE IV

### LE PRIEURÉ ET LES PROTESTANTS

D. Estiennot a résumé en deux lignes la désastreuse visite des Calvinistes au prieuré de Sainte-Marie-Madeleine de la Fougereuse : « Bellis neotericorum dira passum fuit Fulgerosæ monasterium et pene dirutum. Le monastère eut beaucoup à souffrir et fut à peu près anéanti (1) ». La maison fut ruinée et les religieuses chassées de leur asile ; quelques-unes même tombèrent sous les coups des reîtres Huguenots et leurs cadavres furent précipités dans le puits qui existe encore près des ruines de l'église Sainte-Marie-Madeleine.

Nous ignorons la date précise de ces actes de barbarie ; mais selon toute vraisemblance, ils furent commis lors du passage des troupes de d'Andellot, frère de Coligny, au mois de septembre 1568 (2); le pays avait déjà subi les incursions désastreuses de ces fanatiques. Pour se défendre, les seigneurs avaient obtenu de leurs suzerains l'autorisation de mettre leurs châteaux en état d'arrêter ces pillards. C'est ainsi que les Royrant, maîtres alors du château de Bretignolles, avaient demandé et reçu dès 1551 la permission d'établir un pont-levis à leur manoir (3). Nous avons vu dans la première partie de ce travail René de Sanzay écrire à la date du 4 février 1563 « que dans le païs il y a plus de deux ans qu'il ne c'y faict service divin...» ; le journal de Louvet nous a

(1). D. Fonteneau, T. LVIII, folio 1187. *Bibl. de la ville de Poitiers.* — (2). *Journal de Généroux, Soc. de Stat. des Deux-Sèvres.* — (3). *Archives de Bretignoles*, à la ferme de ce nom.

montré en 1568 « les pauvres gens d'Eglise s'enfuyant du pays du Poitou... Vihiers, etc., pour éviter les cruautés des huguenots (1).

Les trois autres petits prieurés de Vaucouleurs, de Saint-Lienne de Vérillé et de la Giraudière ne furent pas épargnés par la tourmente. Pour eux ce fut la cessation de la vie religieuse ; le service des messes s'acquitta par les soins du clergé paroissial dans leurs chapelles restaurées ou dans des oratoires improvisés ; mais l'abbaye de Saint-Sulpice n'envoya plus de petites colonies de Moniales dans ces prieurés. La Fougereuse, qui était de beaucoup le plus important des quatre prieurés de l'ordre de Raoul de la Fustaye dans l'ancien diocèse de Poitiers, sortira seule de ses ruines, mais ne reprendra une véritable grandeur qu'après de longues années.

En 1578, M. de Gouffier, seigneur du Merle-Fougereuse, dans une requête présentée à M. de Bocquemare, demande « que le prieuré et chapelle de la Magdeleine de la Fougereuse soit réformé et le service divin restably (2). »

Anne Tiercelin s'occupait de restaurer son monastère ; le 10 juin 1577, elle avait fait au duché de Thouars l'hommage-lige du fief du prieuré de Vaucoulcurs (3).

Les religieuses expulsées ne pouvaient toutefois reprendre le chemin du prieuré en ruine ; elles furent rappelées à Saint-Sulpice, et pendant de longues années deux ou trois Moniales seulement habitèrent à la Fougereuse. « Illud (monasterium) duo tantum vel tres annis multis incoluere Sanctimoniales (4). »

Au sortir des troubles, les seigneurs voisins du monastère avaient tenté de lèser les religieuses dans leurs droits sur l'église paroissiale et sur d'autres domaines. Pour se défendre contre leurs empiètements Anne Tiercelin recourut à la duchesse de Thouars par lettre du 19 janvier 1579 ; elle la remercie de n'avoir pas voulu se joindre au procès que lui font les seigneurs du voisinage et lui demande des titres du Chartrier de Thouars favorables aux droits de son prieuré (5).

*A Madame, à Thouars,*

Madame, ayant entendu par ung des serviteurs de vostre maison de céans, qu'avés volunté de veoyr la requeste présentée au nom de monsieur le marquis de Boisy contre moy, ne voulant en rien deffaillir d'obéyr à voz commandemens, je vous

(1). *Revue d'Anjou*, 1854. — (2). *Arch. nat.*, arrêts du Parlement, cote X, 1896. — (3). *Les fiefs de la vicomté de Thouars*, 189. — (4). D. Fonteneau, LVIII, 1187. — (5). *Société de Stat. des Deux-Sèvres*, 2e série, T. XIX, numéro 177.

envoye le procès-verbal dans lequel est incéré ladite requeste, présentée à monsieur de Banguemar; vous remercyant très humblement de l'honneur qu'il vous a pleu me faire, vous suppliant Madame, croire que ce que vous pourroit avoir esté donné à entendre pour vous faire joindre es ditz procès contre moy que rien ne procedde de ma coulpe, ains de l'animosité du seigneur de la Boullaye Tormentine (1), qui a fait joindre, à mon grand regret, mondit sieur le marquis (de Boisy) contre moy. Et ne sauroit le plus grand malheur que jamais me sçaurait arriver que n'eussiez mon obéissance et très humble service aggréable, Madame ; vous faisant très humble requeste que, quant il vous plaira commander que l'on regarde en vos Trésors, il vous plaise avoir souvenance de votre pauvre maison de céans, pour m'aider de quelque titre à la conserver; qui sera de plus en plus à nous obliger à prier Dieu pour votre noble prospérité et santé, le suppliant, Madame, la vous donner en très longue et très heureuse vye ; vous baisant en toute humilité très humblement les mains.

A la Foulgereuse, en vostre pauvre maison, ce XIXe janvier 1579.

Votre très humble et très obéissante religieuze,

A. Tiercelin.

*La pauvre maison* de la Fougereuse relevait en effet du duché de Thouars. « Comme les seigneurs de Thouars ont fondé, doté et augmenté plusieurs églises, voici les gens de main-morte qu'on prétend devoir rachat comme prenant part à la mort de M. le duc de Thouars :... La prieure perpétuelle de la Fougereuse » (2).

Anne Tiercelin ne devait pas voir l'issue du procès engagé contre son prieuré ; elle mourut en 1581. Françoise Tiercelin, sa sœur, avait épousé le 24 avril 1542, François d'Appelvoisin à qui elle porta le nom et les armes de son père, seigneur de la Roche du Maine. Les *Tiercelin* avaient pour armes : d'argent à 2 tierces d'azur posées en sautoir, cantonnées de 4 merlettes de sable ; d'*Appelvoisin*, de gueules à la herse d'or de trois traits. Cette famille connue désormais sous le nom de Tiercelin d'Appelvoisin fournit deux prieures à la Fougereuse, Louise et Claude d'Appelvoisin. Une autre demoiselle de cette maison mourut re-

(1). M. de Guillocheau, seigneur de la Boulaye, paroisse de Trémentine, alors possesseur de la Haye-Fougereuse. — (2). *Arch. dép. des Deux-Sèvres*, manusc. de Drouyneau de Brie,

ligieuse à l'abbaye de Sainte-Croix, à Poitiers. Sur sa tombe on lisait cette épitaphe : « Cy-git sœur Marie-Renée de Pelvoisin, dite de la Roche du Maine, en son vivant demoiselle et fille d'honneur de la Reine, laquelle a voulu mourir religieuse de l'ordre de Saint-Benoist, ayant fait les vœux de la Règle et vêtu son habit environ demi-heure auparavant son décès, et est morte en iceluy, dans lequel elle a été enterrée, décédée le 21 février 1652. Priez Dieu pour son âme (1). »

Françoise d'Appelvoisin, sœur où nièce de Louise avait en 1601 passé à la Haye Fougereuse son contrat de mariage avec Jacques de Beaumont ; elle se remaria avec René de Saint-Offange, seigneur de la Frapinière (2).

Ce fut Marie Morel qui au mois de Juin 1581 succéda comme prieure à Anne Tiercelin. Elle fut remplacée au mois de décembre 1585 par Louise d'Appelvoisin qui avait fait profession au mois d'août 1581.

Voici la teneur de cet engagement (3).

« Moy, sœur Louise d'Appelvoisin, vierge, faict ma profession et promets demeurer stable en mœurs et conversation, obéissance et chasteté et pauvreté sellon la reigle de Monsieur Saint-Benoit, devant Dieu et la vierge Marie et tous les saints et saintes du paradis, en ce vénérable monastère et abbaye de de Saint-Sulpice, en votre présence Madame Gabrielle de Morais, vénérable abbesse de Saint-Sulpice, vous promettant révérance et obéissance et à vos successeurs jusqu'à la mort. En témoign de quoy ay signé la présente, le dixseptième d'août 1581...

LOUISE D'APPELVOISIN.

La nouvelle prieure eut à cœur de sauvegarder les droits du prieuré de la Fougereuse ; elle reprit les instances de sa tante, Anne Tiercelin. Après une longue procédure, Louise d'Appelvoisin eut gain de cause devant le Parlement de Paris, en 1619. A la suite de cet arrêt définitif, la prieure fit apposer dans le chœur de l'Eglise paroissiale deux écussons aux armes des Tiercelin et des Appelvoisin.

D. Fonteneau avait trouvé un exemplaire de l'arrêt dans le Chartrier du château de Thouars ; il en avait fait un précis que nous publions ci-dessous. Nous donnerons, à la suite, le texte même du jugement rendu le 26 mars 1619 ; nous en devons la

(1). *Dict. des familles du Poitou*, Beauchet-Filleau. — (2). Duchesne, *Hist. généal. de la maison de Chasteigner*. — (3). *Arch. dép. d'Ille-et-Vilaine*, 2 H 2, 69.

communication à D. G. Beauchet-Filleau ; les termes de procédure en font un grimoire à peine intelligible. (1)

« Précis de l'arrêt du Parlement de Paris qui maintient Louise d'Appelvoisin, prieure du prieuré conventuel de la Fougereuse, dans le droit de se dire fondatrice de l'Eglise paroissiale et cure de Saint-Maurice du lieu (26 mars 1619).

Sœur Louise d'Appelvoisin, prieure du prieuré conventuel de la Magdeleine de la Fougereuse, membre dépendant de l'abbaye de Saint-Sulpice-lès-Rennes, en Bretagne et soy disant dame dudit lieu de la Fougereuse, avait repris les instances par actes passés au greffe le 12 juillet 1612 au lieu de défunte sœur Anne Tiercelin, prieure et soi-disant dame dudit lieu de la Fougereuse ; Messire Louis Gouffier, duc de Rouannais, marquis de Boisy, fils unique de défunt Gilbert Gouffier, marquis dudit Boisy, soi-disant seigneur châtelain de la Fougereuse pour le Poitou avait pareillement repris les instances au lieu de son père. Les religieuses produisirent deux copies de fondation du prieuré de la Fougereuse commençant par ces mots : *In nomine Patris et ego Guydo de Fulgerosa*, datées de l'an 820. Les parties plaidèrent vivement et produisirent leurs titres respectivement. Enfin intervint arrêt en ces termes.

Notre dite cour..., a maintenu et gardé, maintient et garde la dite d'Appelvoisin en possession et saisine de se dire et nommer dame et prieure de la Fougereuse, fondatrice de l'Eglise paroissiale et cure de Saint-Maurice du dit lieu, d'avoir les honneurs, prééminences et prérogatives en icelle église, et qu'il n'est permis à aucun de prétendre droit de sépulture au chœur d'icelle sans le congé et permission de la dite dame et prieure ; en possession et saisine d'avoir tout droit de justice, haute moyenne et basse audit prieuré et bourg de la Fougereuse et qu'autres n'ont droit d'avoir pilliers ou marque de justice au dit bourg ; ordonne à cette fin que les pouteaux plantés en iceluy bourg auxquels les dits Gouffier et Bernabé prétendent leurs armoiries être empreintes et gravées, seront levés et ôtés ; permis et permet à la dite prieure y faire planter un poteau à ses armoiries, sans néantmoins qu'elle puisse créer et établir aucun notaire, en son dit bourg... Sans préjudice aux dits Gouffier et Bernabé de leur justice au destroit de leurs terres et châtellenies de la Cour du Merle et de la Haye seulement ; ordonne ladite Cour que la dite dame prieure et le dit Gouffier seront respecti-

(1). D. Fonteneau, XXVI, 757.

vement servis par le curé de Saint-Maurice des droits à eux par lui dûs..., déclare la dite prieure à cause de son dit prieuré seule dame du fief de la Liegerie..., demeurant au dit Barnabé seulement la moitié des dismes et terrages sur les terres dudit fief à partir par indivis avec la dite prieure etc .. Donné à Paris en notre dit Parlement, le 26e jour de mars 1619. Imprimé.

Notes 1°. Cet extrait a été fait sur un imprimé qui est dans les archives du château de Thouars.

2°. Cet arrêt fut signifié à Messire François Chauvin, licencié en lois, sénéchal de la baronnie d'Argenton-Château et de la Châtellenie de la Cour au Merle à la requête de religieuse Louise d'Appelvoisin, dame de la Châtellanie de la Fougereuse, le 14 novembre 1619. Original.

3° Les officiers de Thouars ont fait la note suivante : Cet arrêt fait voir que le fief du Merle est le seul fief et jurisdiction où toutes les rentes sont dues relevant de Thouars et non du Fief l'Evêque, ainsi que le prétend le sieur de la Haye, lequel dit Fief-l'Evesque est relevant à hommage-lige de la baronnie de la Chassée et non pas à hommage plain, ainsi que le père du dit sieur à fait son hommage par surprise, n'étant même qu'un simple fief où il n'y a que 4 ou 5 hommes et non aucune rente courante et sans aucun fief que sa féodalité sur les dits hommes, et aussi pour appuyer sa juridiciion ne se sert-il pas de ce Fief l'Evêque. »

Arrêt du Parlement de Paris du 26 mars 1619. (1)

Entre sœur Louise d'Appelvoisin, prieure du prieuré conventuel de la Magdeleine de la Fougereuse, membre dépendant de l'abbaye Saint-Sulpice-les-Rennes en Bretagne, et soy disant dame dudict lieu de la Fougereuse, ayant repris les instances, par acte passé au greffe le 12 juillet 1612, au lieu de défunte sœur Anne Tiercelin, prieure et soy disant dame du dit lieu de la Fougereuse, appelante qui était tant des appointements donnés par le soy-disant Chastelain de la Fougereuse le 9 janvier 1578 que autres précédans par luy donnés actes de mesmes partye, comme de prétendu juge incompétant et distraction de ressort ; et encores la dicte deffunte Tiercelin joincte avecq deffunt Mre François Nau, prestre curé de Saint-Morice de la Fougereuse, subrogé au lieu de deffunct Mre Pierre Rouleau, auparavant curé dudit lieu, Nicolas Rabu et Guillaume Potes, Blaise René et Nicolas Rambault, Bertrand Robert et Bertrand Grolleau,

(1). *Arch. nat.*, cote X, 1896.

René Gouesfault et Pierre Guérin, paroissiens dud. lieu Saint-Morice de la Fougereuse appelans des sentences et appoinctemens contre eux donnez par led. juge prétendu chastelain de la Fougereuse, le 15 mars aud. an et de tout ce qui s'en est ensuivy une fois ou plusieurs en adhérant inthimés, et encore demanderesse en évocation d'une part.

Sébastien Bernabé, seigneur de la Boulaye et de la Haye, soy-disant Chastelain, seigneur de la Fougereuse pour l'Anjou, ayant aussi repris par led. acte au lieu du défunt Jehan de Guinocheau seigneur de la Boullaye soy-disant seigneur du fief de la Liegerie inthimé et appelant de l'octroy et exemtion d'une commission de... par le sénéchal d'Anjou où son lieutenant à Angers. le 6 mars aud. an 1578, et d'un appoinctement d'un droit à produire et procédures sur ce faictes, données par le dict sénéchal, le 15 juillet ensuivant, et de tout ce qui s'en est ensuivy comme dè prétendu juge incompétent.

Mre Louis Gouffier, duc de Rouannais, marquis de Boisy, fils unique de feu Mre Gilbert Gouffier, marquis dud. Boisy, soy-disant seigneur Chastelain de la Fougereuse pour le Poictou, ayant pareillement acquis par led. acte lesd. instances au lieu dud. deffunt Gouffier, son père, incidamment joinct avec led. défunt Guinocheau prenant la cause de ses officiers et prétenduz Vassaulx pour son intérêt d'autre et entre ledit Gouffier au lieu dud. défunt qui était appelant d'un appointement ou jugement contre luy donné par le sénéchal d'Anjou ou son lieutenant à Angers, le 3 janvier 1579, tant comme de prétendu juge incompétent qu'aultrement donné par le procureur général du Roi prenant la cause pour son substitut au siège d'Angers, inthimé d'autre la dicte d'Appelvoisin au lieu de lad. défuncte Tiercelin prétendue follement inthimée au dict appel et demanderesse en évoquation del'instance pendante aux requestes du pallais entre elle demanderesse et reddictions de compte de l'exécution testamentaire de deffunct Mre Mathurin de la Varanne, abbé commandataire de l'abbaye de Noirmoutier, ledict procureur général joinct, et encore lad. défunte Tiercelin demanderesse et complaignante pour raison du trouble à elle et ses officiers en l'exercice de la juridiction au bourg de la Fougereuse, ledict Gouffier au lieu dudict défunct, son père, qui avait pris lacause pour Deffunctz François Guérineau et Jean Girard, ses officiers deffendeurs d'autre et avec led. Gouffier au lieu dud. défunct Gouffier, son père, qui avait pris la cause pour René Domault et Robert Lièdes appelant d'un appointement donné par le Sénéchal d'Anjou ou ou son lieutenant, à Angers, le 3 avril 1579, comme de prétendu juge incompétent d'une part et ladicte d'Appelvoisin au lieu de lad. défuncte Tiercelin qui avait pris la cause pour led. défunt Nau, prieur et curé de Saint-Maurice, appelant d'un jugement ou appoinctement donné par deffault par le juge Chastelain de Merle Fougereuse, le 15 mai 1578 et adhérant à ses appellations par luy ou led. deffunct Roulleau, etc.

. . . . . . . . . . . . . . . . . . . . . . . . . . . .

Led. Gouffier inthimé d'autre et avec led. Gouffier demandeur selon le contenu aux lettres par luy obtenues le 16 juillet 1611 et à l'enthérinement d'une requeste par luy présentée à la Cour le 30 mars 1612 d'une part pour Gabrielle de Maure, antienne abbesse de l'abbaye Saint-Sulpice, Marguerite d'Angennes à présent abbesse, les religieuses, prieure et couvent de lad. abbaye et lad. d'Appelvoisin, deffenderesse d'autre part.

. . . . . . . . . . . . . . . . . . . . . . . . . . . .

Entre ledit Gouffier demandeur en sommation, selon les lettres obtenues, le 20 juin 1612 ; Mre Martin du Bellay, marquis de Thouarcé, héritier de feu Mre Jacques du Bellay, son ayeul, qui était héritier par bénéfice d'inventaire de feu Mre Henri du Bellay, fils de feu Mre François du Bellay et dame Louise de Clermont.

Entre led. Gouffier prenant la cause pour son procureur fiscal à la Fougereuse, demandeurs aux fins de la commission du sénéchal et de lad. Chastellenye du 26 avril 1614 et à l'entérinement d'une requête par luy présentée à la cour le 26 janv. 1615 et défendeur d'une part lad. d'Appelvoisin prenant la cause pour son procureur fiscal défenderesse et demanderesse en saisie du 10 avril 1614 sur les fruits et temporel de la cure Saint-Maurice de la Fougereuse.

La dite Tiercelin était dame et haute justicière du bourg et juridiction de la Fougereuse. Elle fait opposition le 8 déc. 1578 au plan d'une potence que les officiers dud. Gouffier auraient voulu faire placer dans le bourg ; ledit Gouffier fut condamné à faire ôter lad. potence et poteau qu'il avait fait planter depuis quelque temps aud. bourg... Conclusions prises par devant le juge Chastelain de la Fougereuse par led. défunt Guiocheau, contre défunte Tiercelin, Roulleau, prieur curé et autres vassaux en exhibitions de contractz et déclarations féodales; requête présentée par led. Gouffier aud. de Bocquemare le 10 octobre 1578 tendant afin que le prieuré et chapelle de la Magdeleine de la Fougereuse dont il était fondateur fut réformé et le service divin restably. Lesd. appoinctemens, sentence, commission, procédure et ordonnance desquelz aurait été appelé cause d'appel, responces, admortissemens, productions de lad. Tiercelin et dud. Gouffier aud. nom tant sur lesd. appelations que instance avec contredictz et salvations de lad. d'Appelvoisin et dud. Gouffier, audictions. lesd. exploictz et requestes verballes des 28 août et 11 septembre 1610, 1611 et 15 janvier 1611,

La complainte demandée et conclusions dud. Gouffier par devant les gens tenant les requestes du palais à ce qu'il fut maintenu et gardé en possession et saisine de son dire et nommer seul seigneur Chastelain de la Fougereuse pour le Poictou avec tout droit de haute, moyenne et basse justice et autres droits qui par la coustume appartenaient à tous seigneurs Chastelains, de se dire et nommer seigneur fondateur de l'Eglise Saint-Maurice de la Fougereuse, d'avoir en cette qualité tous les honneurs prééminances et prérogatives de lad. Eglise mesme les prières publiques qui ont accoutusmé d'être faites tant en ladicte paroisse que autres estans au-dedans de lad. Chastellenye pour les seigneurs et fondateurs d'icelle ; qu'autre ne peut créer Nres (1) en lad. Chatellenie de la Fougereuse en ce qui est du Poictou, et se dire et qualifier fondateur dud. prieuré en la Magdelaine tant pour luy que pour ses successeurs seigneurs de lad. terre de la Fougereuse ; desfence à lad. d'Appelvoisin de les troubler, chacun desd. droits, saizine et possession et même de lad. fondation ; de se plus qualifier dame de la Fougereuse, ne haulcte et moyenne justicière dudit lieu, ains seulement prieure dud. prieuré conventuel de la Magdeleine avec droit de basse justice en ses fiefs et domaines seulement suivant la transaction de l'an 1410 ; que les provisions d'officiers, créations de notaires par elle faictes depuis peu et tous actes faits par elle et ses prétendus officiers en qualité de Chastelaine ou haulte et moyenne justicière seront cassées et adnullées ; et inhibitions à lad. prieure d'en plus bailler à l'advenir et à eux de s'en ayder et faire ou entreprendre aucune chose qui soit de la congnoissance du Chastelain, haut et moyen justicier ; faire ouvrir les portes antiennes par lesquelles les seigneurs de la Fougereuse et autres séculiers auraient accoustumé d'entrer en l'église dudict prieuré sans permettre qu'aucun séculier passe par la maison et cloistre dud. lieu, et outre fust dict qu'à bonne et juste cause, led. Gouffier était intervenant en cause et s'étoit joinct avec led, défunt Guiocheau et pris le faict pour ses officiers et

(1). Notaires.

Vassaulx tenans dudict fief de la Ligerie ; que à tors et sans cause lad. défuncte Tiercelin aurait empesché la poursuite à commencer par led. Guiocheau contre les hommes et subjects par devant les officiers dud. Gouffier en la seigneurie de la Fougereuse ; ladicte poursuite continuée et lesdictz hommes et subjects estant dud. fief tenu d'y répondre et procéder en toutes causes civiles et criminelles, réelles et personnelles en ce qui estoit du Poictou ; ladicte d'Appelvoisin condamnée en tous dépens, dommages et intérêts à cause desdictz troubles et empeschemens, oppositions et entreprises violences.

Lesd. exploicts et requeste verbale des 2 aoust et 27 novembre contenant les complémens et conclusions dud. Bernabé faictes auxd. requestes contre lad. d'Appelvoisin, à ce qu'il fut maintenu et gardé en la possession et saisine d'avoir et tenir un poteau ou pillier de justice, armoirie de ses armes, au bourg de la Fougereuse, au carrefour de la Grande-Rue, vis-à-vis de la grande porte de son château du lieu de la Fougereuse, et desfence à lad. prieure de l'y troubler et empescher ; en possession et saizine de se dire seigneur du fief de la Liegerie, en ceste qualité ladicte d'Appelvoisin et autres détempteurs dud. fief, condamnés à luy en rendre les obéissances féodales, bailler par déclaration les choses qu'ils tenaient et payer les debvoirs avec dommages et intérêts à cause du trouble à luy faict ; desfence de lad. d'Appelvoisin aux dites demandes et conclusions... arrêst du 6 juin 1616.

.................................................................

Led. Gouffier demande l'inscription en faux, le 26 juillet 1612, contre le prétendu original si aucun était représenté, ensemble contre deux prétendues copies de fondation de prieuré de la Fougereuse commencée par ces mots : *in nomine Patris* et *Ego Guido de Fulgerosa* datées de l'an 820, lesquelles deux copies lad. défunte Tiercelin aurait produites tant au siège d'Angers contre led. défunt Guiocheau sous la cotte F qu'en lad. Cour contre ledict deffunct Gouffier sous la cotte J ; première pièce de la production sur le procès évoqué et desquelles pièces lad. d'Appelvoisin s'entendait ayder et prévaloir au procès arrest du 9 mars 1613 entre lad. d'Appelvoisin demanderesse en requête du 29 janvier aud. an pour être déchargée de la représentation de l'original de lad. fondation, d'une part et led. Gouffier défendeûr d'autre part, par lequel ladicte requeste aurait été jointe à lad. instance ; congé obtenu par lad. d'Appelvoisin défenderesse contre lesd. de Rouannays demandeur en faulx, faute de bailler ses dictes moyens de faulx, lesdites deux copies colationnées maintenues faulces, moyens de faulx et production dudict Gouffier lesdicts congé et moyens de faulx joincts aux dictes instances par arrest du 4 may et 23 août 1613. ladicte requeste dudict Bernabé du 21 mars 1612 tendant affin que la dicte prieure fust condamnée faire parachever d'abattre razer le faulx et clappier aconnez qui estaient restés dans le bois de son prieuré joignant à l'église et autres appartenances, d'autre la garanne et appartenances du château dudict Barnabé ; desfence à elle et à ses successeurs d'en faire rédifier à l'advenir, ne tirer ne souffrir estre tiré dans son bois aux lapereaux et pour l'avoir faict, condamner aux tous ses dommages et intérets dessus expliqué.

.......................................................................

Commission et requeste du 26 avril 1614 et 26 janvier 1615 contenant les conclusions dud. Gouffier à ce que sur Blaise de Villiers, Louis Goumel et Clément Templier, eux disant respectivement curez de l'église Sainct-Maurice de la Fougereuse luy fussent condamnés faire les déclarations..... et obéissances féodales à luy dues pour raison de la dicte cure à cause de la dicte Chastellenye de la Fougereuse et pour l'avoir empesché condamnés en tous despens dommaiges et intérêt ; desfences aux dicts curés de faire aucune recongnaissance à la dicte prieure au préjudice des droictz des sieurs de la Fougereuse ; à payer de tous despans, dommages et interestz le dict exploict de saizie du 10 avril et conclusion de ladicte d'Apelvoisin ; ad ce qu'il fut ordonné que la saizie faicte à la requeste de son procureur fiscal sur le revenu temporel du prieuré cure de Saint-Maurice de la Fougereuse faulte de s'estre par led. prieur curé advoué vassal de ladicte d'Appelvoisin, baillé déclaration, et payé..... et obéissance, fust déclaré vallable.............................

Arrest du 20 août 1616 entre lesdictes partyes par lequel entre autres choses sans préjudice de leurs droictz au principal ladicte d'Appelvoisin aurait esté condamnée réintégrer et restablir le posteau par elle faict abattre au carrefour de la Grande-Rue dudict bourg de la Fougereuse, réserve à faire droict sur les dommaiges et interetz prétenduz par ledict Barnabé............

.......................................................................

Déclaration baillée par Choron, curé, le 14 juin 1549.........

Requeste dudict Gouffier du 24 juillet dernier, tendant affin qu'il fust ordonné que lad. d'Appelvoisin en trois jours remplirait en la production de lad. defuncte Tiercelin, la déclaration de défunt *frère* Pierre Leprestre, prieur curé de Saint-Maurice.

.......................................................................

Il sera dict que lad. Cour autant que touche les appellations interjettées par ladicte Tiercelin, défuncte, reprises par ladicte d'Appelvoisin, a mis et met les appellations en ce qui a été appellé au néant et celles interjettées par lesd. défuncts Gouffier et Guiocheau, reprises par lesd. Gouffier et Bernabé, a mis et met les appellations au néant ; ordonne que ce dont a esté appelé sortira son plain, entier effect, et faisant droict sur le principal, instances évoquées et appel des sentences des 17 mars et 18 avril 1611, a mis et met lesd. appellations au néant sans s'arrester auxdictes inscriptions et faulx fournies respectivement par lesd. Gouffier et d'Appelvoisin et, sans avoir égard aux demandes, complaintes et conclusions desd. Gouffier et Bernabé dont ils sont déboutez, a maintenu et gardé, maintient et garde la dicte d'Appelvoisin en possession et saizine de se dire et nommer dame et prieure de la Fougereuse, fondatrice de l'église paroissiale et cure dud. lieu, avoir les honneurs prééminences et prérogatives en icelle église, et qu'il n'est permis à aucun de prétendre droit de sépulture au cœur d'icelle sans le congé et permission d'icelle dame et prieure ; en possession et saizine d'avoir tout droict de justice haulte moyenne et basse audict prieuré et bourg de la Fougereuse et qu'aultres n'ont droict d'avoir pillier ou marque de justice aud. bourg ; ordonne à ceste fin que les poteaux plantéz en icelluy bourg, auxquelz lesdicts Gouffier et Bernabé prétendent leurs armoiries estre empreintes et gravées, seront levez et ostez ; permis et permet à lad. prieure de faire planter un poteau à ses armoiries sans néanmoings qu'elle puisse créer ny establir en son dict bourg aucun nottaire et, en ce faisant, déclare les provisions de nottaire par elle baillées à Jacques Denis nulles et de nulle effect et valleur ; luy faict inhibitions et desfences en son ayder, demourer toutefois les contractz et actes par luy reçuz et passés en leur force et vertu jusques au jour du présent arrest sans préjudice aux d. Gouffier et Bernabé de leur justice au destroict de leurs terres et chatellenie de la cour du Merle et de la Haye seulement ; ordonne la dicte cour que lad. dame et prieure et led. Gouffier seront respectivement servis par le curé de Saint-Maurice à eux par luy deubz, à ceste fin se pourvoiront sur les saizies faictes à leur requeste sur le temporel de lad. cure par devant le juge des lieux, ains qu'ils verront estre à faire et pour le regard de l'appel interjetté par ladicte prieure de lad. sentence et adjudication par décret du 5 août 1599, a mis et met les partyes hors de cour et de procès ; a déclaré et déclare lad. prieure à cause de son dit prieuré seule dame du fief de la Liegerie ; ordonne que les tenanciers et détempteurs des héritages assis dans led. fief la recongnoistront et serviront des cens, lods et ventes et autres droits seigneuriaux qui luy sont deubz, demourant aud. Bernabé seulement la moitié des dixmes et terrages sur lesd. héritages et terres dud. fief à partir par indivis avec lad. prieure ; a debouté et déboute led. Bernabé de la requeste par luy présentée à lad. Cour le 21 mars 1612 tendant affin que lad. prieure fut condamnée faire abattre et razer les faulx et clapiers aconnez estant dans le bois dud. prieuré, et les parties des autres demandes et conclusions par elles respectivement prises sans despens de la cause d'appel desd. sentences des 17 mars et 18 avril 1611, de lad. sentence et adjudication par desjet des chefs et demandes en complaintes desd. Gouffier et Bernabé à cause de l'institution dud. Denis notaire, desd. inscriptions et faulx et instances de saizine ; a condamné et condamne lesd. Gouffier et Bernabé en despens tant des autres susdites causes d'appel, autres chefs desd. instances évoquées et intervention que de lad. instance de requeste dud. 21 mars sur la garenne, chacun pour leur regard sans dommages et interetz et sur la sommation dudict Gouffier contre led. du Bellay, informations, instance et restitution de pièces et requestes respectivement présentées affin de réparation, a mis et met les partyes hors de Cour et de procès sans despens.

Fin... X. 4896. Conseil 1819.

Ces interminables procédures nous sont une preuve du désarroi causé au monastère par la perte d'une partie de ses titres, à la suite du pillage des bandes protestantes ; elles nous montrent aussi la rapacité de certains seigneurs, bourgeois anoblis, qui ne révaient que l'agrandissement de leurs domaines; elles nous permettent en même temps d'admirer l'énergie de ces humbles religieuses, qui épuisent toutes les juridictions pour la défense et la revendication de leurs droits. Louise d'Appelvoisin avait vaillamment tenu tête aux seigneurs voisins, elle mourut en 1630, après avoir résigné son prieuré en faveur de sa nièce, Claude d'Appelvoisin, qui avait fait profession à Saint-Sulpice, le 18 septembre 1616.

---

## CHAPITRE V

## RESTAURATION DU PRIEURÉ PAR CLAUDE D'APPELVOISIN

C'est le 30 juillet 1624 que Mesdames Claude d'Appelvoisin et Elisabeth Bruneau de la Rabatelière reçurent de l'évêque de Rennes la permission de se rendre au prieuré de la Fougereuse(1). Elles y furent conduites par M. de la Roche du Maine, frère de Claude d'Appelvoisin. Rendant compte de ce voyage à Madame Marguerite d'Angennes, abbesse de Saint-Sulpice, M. de la Roche du Maine écrivait, le 17 août 1624, que la chaleur les avait fort incommodés et le train du carosse « qui était bien le plus rude et incommode qu'on eut pu rencontrer. » Il déclare avoir fait route par Fromenteau et la Rabatelière, distant de 5 lieues de Fromenteau ; il a suivi le droit chemin et ne s'est pas attardé...

C'est donc dans la première quinzaine d'août 1624 que Claude d'Appelvoisin arriva au prieuré de la Fougereuse. Sa tante, avons nous dit, résignait sa charge en sa faveur six ans plus tard et l'abbesse de Saint-Sulpice, Marguerite d'Angennes, confirmait ce choix au mois de juillet 1630 (2). Pendant les 33 années qu'elle fut à la tête du prieuré, Claude d'Appelvoisin employa son zèle à restaurer les bâtiments, à rétablir la clôture, à réparer les ruines. Elle dépensa dans ces travaux une somme fort considérable pour le temps ; elle accuse plus de cent mille

(1). *Arch. dép. d'Ille-et-Vilaine*, 2 H 2. 70. — (2). Le 27 novembre 1629, une lettre du Roy commençant ainsi : « Chère et bien amée... » ordonnait à la prieure de recevoir à la Fougereuse sœur Marie de la Porte de Châtillon.

livres de frais dans un mémoire rédigé pour défendre ses droits de prieure contre l'abbesse de Saint-Sulpice.

D. Estiennot a rendu hommage à la généreuse activité de cette prieure par les lignes suivantes (1) :

« Annis multis Fulgerosœ quoque prœfuit priorissa Domina D. Claudia d'Appelvoisin e nobili gente d'Appelvoisin orta, quœ quidem ut nomen majoris factis impleret ac in gregis augmentatione gauderet, depravata convertere, disrupta consolidare sategit. »

Claude d'Appelvoisin trouvait, malgré les dépenses de restauration, le moyen de faire de nouveaux acquêts pour son prieuré. Nous avons d'elle un acte d'achat passé en présence de noble et religieuse dame sœur Elisabeth de Bruno, dame de la Rabatelière, le 1er juin 1633, par Gilles Guion, notaire de la châtellenie de la Fougereuse (2) Cependant, pour permettre à la prieure et à sa compagne de subvenir plus facilement et de pourvoir aux dépenses de construction, à l'entretien du chapelain, des serviteurs et servantes du prieuré, les autres religieuses furent momentanément rappelées à Saint-Sulpice.

Claude d'Appelvoisin n'eut pas seulement à lutter contre les difficultés matérielles, il lui fallut disputer pied à pied les droits de sa maison de la Fougereuse avec les abbesses de Saint-Sulpice. Elle déploya dans ces longues discussions une énergie et une persévérance qui la firent triompher. L'abbesse réclamait, outre le droit de collation du prieuré qui, d'ailleurs, ne lui était pas contesté, celui d'envoyer exclusivement des obédientiaires et de s'occuper du temporel de la communauté. Pour appuyer ces revendications, l'abbesse recourut à l'inventaire dressé le 19 juillet, dont nous avons eu l'occasion de parler ; elle montrait des pièces prouvant qu'elle avait envoyé des Moniales à la Fougereuse en 1237, 1270, 1291, 1312, 1524, 1517, 1526, 1535. D'autre part, Andrée de Bellonneau, abbesse, avait fait visiter le prieuré de Fougereuse en 1521 ; d'autres visites avaient eu lieu par ordre des abbesses en 1570 et 1645 ; cette dernière par Mre Jacques Jahin, curé de Saint-Sulpice, qui avait constaté douze cellules dans le prieuré, tout en déclarant que la maison n'était pas en état de recevoir des religieuses.

Le 6 juin 1657, Jehan Lochet, jésuite, avait été commis par l'abbesse pour visiter le prieuré et en faire sortir les religieuses

(1). Dom Fonteneau, LVIII, folio 1187. — (2). *Arch. dép. du Maine-et-Loire*, H, 5340.

admises à son insu. Il ne put exécuter son mandat sur le refus de Claude d'Appelvoisin de le laisser pénétrer dans la maison ; son procès-verbal dut se contenter de mentionner le bon état de l'église.

La prieure de la Fougéreuse dressa de son côté un dossier non moins volumineux pour motiver sa résistance. Les pièces principales sont énumérées dans l'analyse que nous donnons plus loin de l'arrêt du parlement de Paris, du 4 juin 1658. Elle se fondait surtout sur ce fait que son prieuré, visité par le grand vicaire de la Rochelle en 1635, par l'évêque lui-même en 1651 et en 1657, avait été reconnu comme possédant des bâtiments, retranchements, enclos et autres choses requises pour y garder la réforme sous clôture. L'évêque de la Rochelle lui avait accordé la permission de s'affranchir de l'obédience de Saint-Sulpice, afin de rétablir la conventualité au prieuré de la Fougereuse.

L'abbesse de Saint-Sulpice, pour mettre fin à ces discussions, envoya de Saint-Sulpice six religieuses qui se présentèrent inutilement à la porte du prieuré de la Fougereuse, le 1er août 1657. La scène fut même mouvementée, comme en fait foi le procès-verbal dressé le lendemain matin à Etusson. Les religieuses ainsi renvoyées se retirèrent le 3 août à la Flocellière.

Procès-verbal, du 2 août 1659, du refus par la prieure de la Fougereuse de recevoir les religieuses envoyés par l'abbesse de Saint-Sulpice. (Analyse). (1)

Le 1er août 1657, à la requête d'Etienne Delamarre agissant comme fondé de dame Marguerite d'Angennes, abbesse, nous notaires du marquisat de la Flocellière et sœurs Louise de Loubes, Madeleine de la Haye, Anne Le Petit, Françoise Tuffin, Gillette de l'Espronnière, religieuses professes et Yvonne du Moulin sœur lay, nous nous sommes transportés au prieuré de la Fougereuse distant de sept lieues environ de la Flocellière, pour faire à Claude d'Appelvoisin et à sa prétendue communauté les actes, sommations, etc..., avons trouvé la porte dudit prieuré fermé et devant ladite porte plusieurs personnes armées d'épées qui sont venus au-devant dudit Delamarre et des dites religieuses avec le nommé René Mérienne, soi-disant procureur fiscal de ladite dame prieure de la Fougereuse, dans lesquelles personnes ledit Delamarre aurait reconnu Mrs de Bonchamp (2) et deux de ses enfants, le sr de Saint-Loyre (Somloire) et de

(1). *Arch. dép. d'Ille-et-Vilaine*, 2 H 2, 70. — (2). Quatre religieuses de la Fougereuse appartenaient à la famille de Bonchamps au moment de cette scène.

Migaudon (1), et le s[r] de Maulny (2), de Beaurepaire et Saint Philbert ; lequel de Bonchamp s'avança le premier parlant audit Delamarre au nom de la prieure, et au même instant sont sortis du dit prieuré quantité d'autres hommes, gentilshommes et quantité de valets l'épée au côté, soixante et plus ; et d'autres paraissaient au-dedans dudit prieuré, aux fenêtres. Madame la marquise de la Flocellière et les religieuses ne purent rentrer ; elles restèrent devant la porte jusqu'à soleil couché et furent contraintes de se retirer pour cuider s'herberger en maison logeable du bourg de la Fougereuse ; ce qui fut impossible aux religieuses, à leur suite et aux dits notaires, lesdits hôtes qui avaient coutume de tenir maison ayant déclaré que les lits et autres ustensiles avaient été portés au prieuré de la Fougereuse. Il fallut employer une partie de la nuit à chercher logement au bourg de Saint-Morice, et à celui d'Etusson et même au Buisson pour les chevaux. L'acte fut rédigé le lendemain au bourg d'Etusson, à 7 heures de la matinée (2 mai 1657).

Il est signé des deux notaires, de Delamarre, de Marie Masson de la Flocellière et des religieuses nommées plus haut.

L'affaire fut portée par les deux parties devant le Parlement de Paris ; mais l'évêque de La Rochelle appuya la prieure de la Fougereuse.

Madame Claude d'Appelvoisin, en sa qualité de prieure du prieuré conventuel de la Magdelaine de la Fougereuse, et sœur Elisabeth Bruneau de la Rabatelière, sœur professe, sa compagne (3) en appelèrent au Parlement comme d'abus 1° de l'ordonnance du 8 juin 1657 par laquelle l'abbesse de Saint-Sulpice leur ordonnait de renvoyer les religieuses qu'elles avaient admises à son insu et contre sa volonté, leur défendant d'entreprendre à l'avenir chose semblable ; et 2° de l'ordonnance du 22 juillet 1657 à la même abbesse, renouvelant l'ordre de renvoyer ces religieuses et d'ôter l'habit aux novices et enfin de l'envoy des visiteurs par la même abbesse ; notamment le 8 juin 1657, Jehan Lochet, jésuite, s'était présenté pour visiter le prieuré au nom de l'abbesse. L'abbesse, dame Marguerite d'Angennes en appelait à son tour comme d'abus des ordonnances décernées par le sieur évêque de La Rochelle, le 27 avril 1657.

(1). Paroisse de Moutiers. — (2). Maulny, gentilhommière située paroisse des Cerqueux-sous-Passavant. — (3). *Arch. dép. d'Illé-et-Vilaine*, 2 H 2, 71 imprimé. Un autre exemplaire existe à la *Bibl. de la ville d'Angers*, manus. V, p. 895.

Messire Jacques Raoul, évêque de La Rochelle, se porta partie intervenante, le 25 mai 1658.

Pour justifier sa conduite, la prieure de la Fougereuse rappelle « que le prieuré de la Fougereuse avait été fondé en 820, érigé en titre de prieuré conventuel dès l'instant de sa fondation, que les évêques de Poitiers Gilbert premier et Guillaume second en avaient donné la collation à l'abbesse de Saint-Sulpice de Rennes ès-années 1117 et 1131, qu'on ne disputait point à l'abbesse de Saint-Sulpice le droit de le conférer ; mais qu'il était justifié par plus de 50 pièces compulsées que depuis cette concession la conventualité s'y était conservée ; qu'au commencement du douzième siècle, plusieurs dames de condition avaient fait profession en ce monastère entre les mains de la prieure ; que le droit qui est aujourd'hui contesté avait été reconnu par l'abbesse de Saint-Sulpice, que donnant son obédience à l'appelante pour s'établir en ce prieuré où elle devait succéder à sa tante qui la destinait pour sa résignataire, elle avait taché de restreindre la liberté de l'exercice, et stipulé qu'elle ne pourrait donné l'habit aux novices, ny les recevoir à la Profession sans son consentement ; que le prieuré ayant été visité en l'année 1635 par le grand vicaire de Monsieur l'évêque de La Rochelle, il aurait exhorté l'appelante au rétablissement de la conventualité ; qu'elle aurait fait diverses instances auprès de l'abbesse pour l'obtenir, qu'elle lui avait demandé le 17 novembre 1644 par le sieur de la Roche du Maine, son frère, la permission de recevoir des filles à profession ; qu'elle avait répondu qu'elle n'en ferait rien, quand même il y aurait quatre arrêts ; que le refus n'avait ni diminué l'ardeur de son zèle, ni interrompu ses sollicitations ; que Monsieur l'évêque de La Rochelle par ses ordonnances de visite du 6 juin 1651 avait ordonné le rétablissement ; qu'encore qu'elle n'ait pas besoin de recevoir de l'abbesse une permission que les constitutions canoniques lui avaient donné avec le titre de prieuré, elle avait renouvelé ses poursuites, employé les prières de personnes d'autorité et fait des sommations par écrit, qui avaient été communiquées ; qu'enfin Monsieur l'évêque de La Rochelle lui avait permis de prendre des filles dans le monastère de la Fidélité d'Angers pour composer sa communauté ; qu'elles avaient été installées le 21 mai 1657 par un ecclésiatique qualifié qui les avait conduit en vertu de la commission de Monsieur l'évêque d'Angers ; et en vertu de celles de Monsieur l'évêque de La Rochelle donné le voile à des damoiselles qui s'étaient présentées pour le recevoir ; que le 8 juin 1657, l'abbesse avait commis un jésuite pour visiter le prieuré de la Fougereuse, avec un ordre d'en chasser les religieuses de la Fidélité, et de ramener sœur Elisabeth Bruno à Saint-Sulpice, .....etc..... le prieuré ne pouvait être appelé obédiance ; il y a plus de 400 ans qu'il était en possession de toutes les marques de conventualité..... Monsieur l'évêque de La Rochelle ayant établi des religieuses en ce prieuré avait donné l'habit de religion à des damoiselles qualifiées ; on ne pouvait contester l'établissement des unes et vêture des autres sans exciter du scandale..... Monsieur l'évêque de La Rochelle par le refus de l'abbesse se trouvait comme supérieur en possession du pouvoir de ladite abbesse ; l'abbaye de Saint-Sulpice n'était point exempte, puisque toutes les bulles des papes contenaient cette clause « Salva diœcesanorum episcoporum justitia » ; le prieuré de la Fougereuse n'était pas exempt, puisque la concession de Guillaume second, évêque de Poitiers, l'obligeait à une reconnaissance annuelle de deux sols angevins envers l'église de Poitiers, comme étant l'église matrice.....

... En chassant les religieuses de la Fidélité d'Angers et renvoyant les novices au siècle, les damoiselles de maison se trouveraient exposées à la honte et à la risée publique; la marque de leur consécration serait celle de leur infamie ; le sacrifice de quatre jeunes damoiselles ne devait pas être profané pour favoriser l'ambition d'une abbesse..... La prieure terminait en demandant que son prieuré fut maintenu dans les privilèges de sa fondation.

L'évêque de La Rochelle rappelle que le rétablissement de la conventualité dans le prieuré de la Fougereuse est un effet de sa vigilance aussi bien que des bonnes intentions de la prieure — il a agi avec modération, conformément aux décrets des Conciles et des Ordonnances. Le prieuré a toujours été conventuel ; la conventualité n'y a cessé que depuis environ 40 ans; les abbesses de Saint-Sulpice ont négligé de l'y maintenir ; en 1651, visitant le prieuré de la Fougereuse, il avait trouvé les bâtiments, clôtures et lieux réguliers propres pour contenir une communauté de religieuses et le revenu du prieuré capable de l'entretenir. Il avait alors écrit à l'abbesse le 22 juillet 1651 pour l'obliger à rétablir la conventualité. Le 9 août 1651 il avait rendu une première ordonnance portant que la prieure se retirerait vers son abbesse pour avoir des religieuses afin de rétablir la conventualité et ce dans six mois, sinon et à faute de ce faire ledit temps passé, qu'il y serait pourvu. Malgré les prières et requisition non pendant six mois mais pendant près de six ans l'abbesse n'avait pas satisfait à ses demandes, il avait alors rendu trois autres ordonnances, une le 25 avril 1652 permettant à la prieure de se pourvoir de religieuses de même ordre jusqu'au nombre de quatre; une seconde le 3 mars 1657 lui permettant d'en prendre deux de la Fidélité d'Angers ; une troisième le 7 avril 1657 lui permettant de recevoir des filles au noviciat et l'an de probation expiré de recevoir à la profession les novices jugées capables. Mre Arthus de Bonchamps, chanoine d'Angers et prieur de Viers avait accompagné à la Fougereuse deux religieuses de la Fidélité, dames de piété et de condition ; quatre filles avaient été reçues au noviciat et la communauté ainsi rétablie. L'abbesse qui depuis 33 ans n'avait pas voulu envoyer une seule religieuse au Prieuré, en avait alors envoyé une colonie de six, exigeant qu'on chassât celles de la Fidélité, qu'on arrachât le voile à ces quatre filles et qu'on les envoyât dans le siècle pour le seul point d'honneur et d'autorité... etc..... L'évêque terminait en adhérant aux conclusions de la prieure et en demandant au parlement de déclarer ladite abbesse non recevable en l'appel comme d'abus qu'elle avait fait de ses ordonnances.

L'abbesse de Saint-Sulpice pour maintenir ce qu'elle disait être son droit rappelle que les abbesses sont intervenues aussi bien dans le temporel du prieuré de la Fougereuse que dans la collation du prieuré et dans l'envoi d'obédientiaires. Après ouï les demandes des parties le parlement « ordonne que la prieure de la Fougereuse recevra au noviciat et à faire profession tel nombre de filles que son monastère en pourra entretenir et que les religieuses envoyées par ladite abbesse audit prieuré de la Fougereuse seront tenues se retirer incessamment dans leur monastère, sans préjudice de la juridiction de l'évêque de la Rochelle et de l'abbesse de Saint-Sulpice qu'ils exerçeront respectivement suivant les constitutions canoniques et sans dépens..... donné à Paris en notre parlement le quatrième jour de juin, l'an de grâce mil six cent cinquante-huit et de notre règne le seizième.....

Louis

Claude d'Appellevoisin obtenait gain de cause ; elle avait la gloire d'avoir rétabli la conventualité dans son monastère.

Le 7 mai 1663, elle résigna son prieuré en faveur de sa parente sœur Françoise de Saint-Offange. Sa fidèle compagne, Elisabeth Bruneau de la Rabatelière fut rappelée à Saint-Sulpice par ordre de Marguerite de Morais, le 24 octobre 1663, sans opposition de l'Evêque de La Rochelle.

---

## CHAPITRE VI

### LE PRIEURÉ SOUS MESDAMES DE SAINT-OFFANGE ET TURPIN-CRISSÉ (1663-1692)

Françoise-Marie de Saint-Offange reçut, le 4 décembre 1663, de Marguerite de Morais, abbesse de Saint-Sulpice, l'autorisation de se rendre à la Fougereuse comme prieure « dans l'équipage à elle envoyé par M. le comte de Viers *(sic)*, son nefveu. » La nouvelle prieure maintint avec non moins d'énergie que sa devancière les droits que lui reconnaissait l'arrêt du Parlement. L'ère des difficultés n'était cependant pas close entre Saint-Sulpice et la Fougereuse. Les liens étaient même tellement tendus que, dans un mémoire du 9 mars 1664, l'abbesse demande à ses avocats-conseils si elle peut « user d'injures, de prison et autres moyens. » Le Conseil, moins irritable, répondit qu' « il n'est pas d'advis que Madame use des injures. »

Le prieuré de Sainte-Marie-Madeleine était alors en pleine prospérité, au témoignage de Dom Estiennot ; près de 30 jeunes filles appartenant à la noblesse s'y adonnaient à la vie religieuse. « Favente Deo a cineribus excitatum resarcitum que fuit (monasterium) ita ut in eo modo vigeat observantia regularis et nobiles fere XXX virgines accensis lampadibus divinum sponsum expectent. His prœest D. D. N. de Vihers, neptis D. D. N. de Vihers jamdiu priorissa, quœ domum a fundamentis et in œdificiis et in moribus innovavere. Facit Dominus ut confirmet bonum quod operatus est in illis. » (1). D'après ces paroles d'un écrivain contemporain, c'est à Françoise de Saint-Offange et à sa tante que revient l'honneur d'avoir rebâti le monastère et l'église qui subsistent encore, à moitié ruinés. Elle n'eut pas la joie de terminer son œuvre. Claude d'Appelvoisin avait restauré les bâtiments du monastère primitif et l'église de Sainte-Marie-Madeleine ; là étaient le chapitre et le cimetière. Les pierres tombales ont été vendues à l'encan ; celle de Claude d'Appelvoisin, brisée en plusieurs morceaux, gît sous un amas de débris, dans la cour de la ferme actuelle.

Françoise de Saint-Offange releva l'ancienne église paroissiale de Saint-Pierre, concédée jadis aux Frères Condonats. L'édifice fut construit en style roman ; d'une longueur de 40 mètres, il mesure 8 mètres de large et 10 mètres d'élévation, 7 mètres à la naissance des voûtes. Le vocable fut maintenu ; la chapelle de droite, ouverte aux habitants de la Fougereuse, était consacrée à Saint-Jean-Baptiste. Nous avons eu l'occasion de dire que le Baptiseur détrônait ainsi le véritable patron, Saint-Jean-l'Evangéliste. Un très remarquable portail de la fin du XVIIe siècle donnait accès à cette chapelle ; malgré les injures du temps et les mutilations des hommes, c'est encore un travail qui arrête l'attention. A droite de la niche qui le domine se dressait la statue de Saint-Jean-Baptiste, à gauche celle de Sainte-Barbe.

Le bras de croix, (côté de l'épître), avait son autel dédié à cette sainte. Le Bréviaire romain nous apprend que Sainte-Barbe (Barbara) était fille de Dioscore et qu'elle souffrit le martyre des mains de son propre père. Celui-ci fut châtié sur le lieu même du supplice de sa fille et frappé aussitôt par la foudre. Statim eo ipso in loco fulmine percussus interiit. L'Eglise a toujours invoqué Sainte-Barbe contre la violence des orages. Une curieuse conjuration du XVe siècle, publiée dans la *Revue d'Archéologie Poitevine*, janvier 1899, se compose d'une longue formule dans laquelle on réclame l'intervention du Christ pour le détournement des nuées dans les lieux déserts, où elles ne peuvent nuire ni aux hommes, ni aux animaux. On y invoque plus spécialement à cet effet la Sainte Vierge, Saint Théodore, Saint Siméon, Sainte Brigitte et *Sainte Barbe*.

La situation de la Fougereuse, son nom même qui, étymologiquement, vient de *Fulgur*, foudre, *Fulgerosa terra*, expliquent

(1). D. Fonteneau, LVIII, folio 1187.

le patronage de Sainte Barbe, que nous retrouvons honorée sur un autre point culminant du pays, dans la chapelle du château du Coudray-Montbault.

La Fabrique de l'église de Saint-Maurice devait chaque année au seigneur de la Haye-Fougereuse, à cause de cette chapelle de Sainte Barbe, une rente de deux chapons et deux poules. En 1790, la Fabrique, pour 20 années échues de cette rente impayée, se trouvait débitrice de 54 livres 10 sols (1).

Le chœur de cette église forme un pentagone éclairé seulement par une baie de chaque côté, disposition d'un heureux effet, qui jetait l'autel dans une sorte de pénombre. Au chevet *ouest* de cette église s'adossait une nouvelle construction dont le rez-de-chaussée servait de parloirs ; le premier étage fut destiné aux dortoirs et aux chambres des pensionnaires. Sous toute la longueur de ce bâtiment s'étend une cave magnifique, avec un conduit de dégagement sous l'église, qui aboutissait aux douves d'enceinte. Des cloîtres furent établis le long de ces constructions, fermées par deux ailes de bâtiments s'allongeant vers le sud ; là étaient les salles de classe, le préau et l'orangerie.

Du bourg de la Fougereuse on venait à l'église en traversant une grande cour plantée de châtaigniers.

Françoise-Marie de Saint-Offange était la nièce de Charles Turpin, comte de Crissé et Vihiers, qui avait épousé Louise de Saint-Offange, fille de René, seigneur de la Frapinière et de Françoise Tiercelin d'Appelvoisin. Les Saint-Offange avaient pour armes : d'azur au chevron d'argent accompagné de trois molettes d'éperon de même, posées deux en chef et une en pointe (2).

Depuis Jeanne Tiercelin, nommée prieure en 1521, le prieuré de Sainte-Marie-Madeleine de la Fougereuse avait donc toujours été, sauf le court intervalle de 1581 à 1585, sous la direction de familles alliées. Il en résulta chez les prieures une unité de vues qui contribua beaucoup à la prospérité du monastère. Françoise de Saint-Offange continua cette tradition en résignant son prieuré en faveur de Marie-Anne de Turpin-Crissé, qui arriva à la Fougereuse le 6 mars 1675. Les Turpin-Crissé avaient pour armes : losangé d'argent et de gueules, et pour cri de guerre : vici, victurus vivo ; j'ai vaincu et je vis pour vaincre. Ces armes, surmontées de la crosse et de la couronne comtale, se voient

(1). *Arch. dép. du Maine-et-Loire*, E, 1570. — (2). Denais, *Armorial de l'Anjou.*

encore à Pain-Perdu, ancienne tuilerie dépendant du monastère.

Anne de Turpin-Crissé continua la lutte engagée contre les abbesses de Saint-Sulpice. Soutenue par l'évêque de la Rochelle, elle revendiqua ses droits à la présentation de la cure de Saint-Maurice. Dans un mémoire rédigé par elle en 1684 (1), la prieure rappelle l'acte de 1119, d'après lequel l'église de Saint-Maurice fut élevée à un quart de lieue dudit couvent et s'appelle à présent Saint-Maurice de la Fougereuse. Le curé présenté par elle en 1682, le sieur Lecomte, doit être tenu pour le curé, bien que l'abbesse de Saint-Sulpice ait présenté le sieur Martineau. La prieure de la Fougereuse a seule le droit de présentation, attendu « qu'elle est en possession immémoriale d'avoir en l'église et paroisse de Saint-Maurice tous droits honorifiques et prééminences, qu'elle a en le cueur d'icelle église banc clos et fermé, que tous les dimanches au prosne de la grande messe, on y faict la prière nominale et publique pour elle, qu'elle y fait aux quatre fêtes annuelles cellebrer la grande messe par son confesseur ; d'y faire porter processionnellement par le même à l'exclusion du curé le très Saint Sacrement de l'Autel le jour de la Feste-Dieu et que tous les curés successivement lui ont rendu et aux précédentes prieures par déclaration tant de ladite église, cimetière que presbitaire aveu, reconnaissance de fondation, le tout en conséquence du titre ci-dessus de 1119, etc... »

Anne Turpin de Crissé ne vit pas l'issue du procès gagné par son prieuré en 1726 ; elle mourut en 1692. Sous sa direction, les travaux d'agrandissement, entrepris par Françoise de Saint-Offange, avaient reçu une nouvelle impulsion ; ils étaient loin, cependant, d'être achevés (2).

Sous le priorat d'Anne Turpin, les moniales de la Fougereuse furent attaquées d'une maladie contagieuse qui les força de quitter leur maison et d'aller s'installer quelque temps dans le château de la Touche d'Illerin, paroisse du Breuil. Attribuant leur guérison au recours qu'elles avaient eu à celle que l'Eglise appelle La Toute Puissance en prières, les Moniales envoyèrent à l'église du Puy-Notre-Dame pour marquer leur reconnaissance à Marie une lampe d'argent, comme l'atteste la lettre suivante : (3)

(1). *Arch. dép. d'Ille-et-Vilaine,* 2 H 2, 72. — (2). En 1688, elle avait reçu d'Armand-François du Vergier de la Rochejaquelein l'aveu de la Gerbaudière, paroisse de Voultegon. *Arch. de la Durbelière.* — (3). *Arch. du Puy-Notre-Dame.*

« A Messieurs les Doyen, chanoines et chapitre de l'Eglise Royale de Notre-Dame du Puy.

De la Fougereuse, 6 septembre 1682.

Messieurs, la dévotion que nous et notre communauté avons à la Sainte-Vierge, et les assistances que nous en avons tirées, nous ayant porté à lui vouer une lampe d'argent ; le repect que nous avons pour la sainte relique que votre église a l'honneur de posséder, et la piété qui paraît dans votre célèbre chapitre nous l'a fait préférer à toute autre, espérant avoir part à vos saintes prières.

C'est la grâce que nous vous demandons, et celle d'agréer que cette lampe brûle, un an durant, devant le grand autel de votre église.

Nous avons donné ordre à notre Procureur de satisfaire à ce qu'il faudra pour cela.

Je suis, avec bien du respect, Messieurs, votre très humble servante.

Sœur Anne Turpin,

prieure. »

En même temps, Anne Turpin écrivait au chanoine-chantre pour le prier d'agréer cet ex-voto, avec les conditions qu'elle désire y mettre.

« A M. le chantre du Puy-Notre-Dame, en Anjou.

De la Fougereuse, le 6 septembre 1682.

Monsieur, je suis si persuadée de votre générosité et de celle de votre illustre chapitre que je me promets facilement que mon présent sera bien tenu ; au moins vous est-il offert avec bien du zèle et de l'affection. Je le souhaiterais plus considérable, il y aurait plus de joie à vous le présenter.

Vous nous obligerez fort que cela fût écrit sur les registres de votre chapitre afin que nous ayons part à vos saintes prières. Je vous supplie très humblement de nous accorder la faveur que j'estime beaucoup.

Je suis très parfaitement, monsieur, votre très humble servante,

Sœur Anne Turpin,

prieure. »

Ne voulant pas être en [retard de générosité, le chapitre de Notre-Dame-du-Puy envoya aux religieuses de la Fougereuse une petite partie de la Sainte ceinture de la Vierge, dont il avait la garde. Cette précieuse relique, à la dispersion des Moniales en 1794, vint enrichir le trésor de l'Eglise paroissiale où elle est toujours vénérée.

---

## CHAPITRE VII

### LE PRIEURÉ ET LA FAMILLE DE LA ROYRIE

Françoise Tuffin de la Royrie succéda comme prieure à Marie-Anne Turpin de Crissé. Elle appartenait à une noble famille angevine, dont le dernier descendant se distinguera à la Révolution sous le nom de marquis de la Royrie. Leurs armes étaient : d'argent à une bande de sable chargée de trois croissants d'argent (1). Prieure de 1692 à 1705, Françoise Tuffin de la Royrie trouva à son entrée en charge le monastère de la Fougereuse en pleine prospérité. Un bail général du temporel de la communauté, passé par elle le 17 janvier 1693, avec Jean Papin, marchand, demeurant à la Fougereuse, nous donne un état des domaines du prieuré à cette époque (2) :

Sauf réserve de la maison conventuelle, de la cour et clôture dudit prieuré avec le droit de ban à vin, très Révérende dame Françoise Tuffin de la Royrie affermait pour cinq années le revenu dudit prieuré, consistant : 1° en la borderie de la Cour ; les trois métairies de la Touche ; les quatre métairies de L'Espronnerie, celles de la Brosse (la Brousse), des Arcis (détruite aujourd'hui), le Quarteron, l'Estang autrement la Donnatière, les grande et petite Gaucherie, la Pellerie, grande et petite Liegerie, le Puy-Guiton, les bordages de la Rivière-Juliot, l'Eraudière située en le village de la Grossinière, la Rivardière, la thuillerie de Beaulieu (Pain-Perdu), la petite maison et le

(1). La Chesnaye-Desbois, *Dict. de la noblesse.* — (2). *Arch. départ de la Charente-Inférieure*, G. 53.

jardin où demeure la veuve Maugars au bourg dudit lieu, les deux bordages des Moulins, cinq moulins à vent, deux à eau, bois taillis et futaie, prés, dixmes, phorages en quelques endroits, le tout en la paroisse de Saint-Maurice dudit lieu de la Fougereuse.

La métairie de la Guérinière, le bordage de la Barangerie, la métairie du Puydesuière, celle de la Rochederrière avec le bordage y annexé et les dixmes en quelques endroits, le tout en la paroisse de Saint-Paul-du-Bois ; la métairie des Amignons et de la Brissonnière avec divers bordages, etc... en la paroisse de Saint-Hilaire-du-Bois ; la métairie du Grand Urloup et du Tresailly, en la paroisse de la Pleine (1).

La métairie de la Petite-Chaimbaudière en la paroisse d'Izernais, la métairie de la Nonnerie, en la paroisse des Echaubrognes ; celle de la Pommeraie, en la paroisse d'Etusson, avec les dixmes de quelques hoirs de la paroisse.

La métairie de la Resnière, en la paroisse de Somloire ; la métairie de la Bonne-Mort, avec le fief dudit lieu, en la paroisse de la Chapelle-Gaudin et ès environs des dixmes et terrages en dépendant ; les dixmes en quelques endroits des paroisses de Luché, Coullonge, Saint-Clémentin, Boesse, Vezins, la Tourlandry, Chollet, Montilliers, Nueil-sous-Passavant.

Le quart en le petit clos de vigne appelé Vezins, proche Passavant, le bordage de la Petite-Fougereuse, en la paroisse de Brigné, avec les dixmes que l'on prend en ladite paroisse et en celle de Martigné-Briand.

Le clos de vigne appelé des Nonnains, situé à Verché ; le clos d'Argenton, cens, rentes soit de bled, argent, volailles et autres...

A la charge de payer par chacun an au jour des Métives, le nombre de cinquante-cinq charges de bled seigle, dix charges de froment, deux cent boiceaux d'avoine, le tout mesure de ce lieu, et à la Toussaint la somme de trois mille huit cent cinquante livres, six pipes de vin blanc empressés en futs neufs, et vingt moutons de deux ans.....

Fait et passé audit lieu de la Fougereuse, à la grille du grand parloir, par devant Mre Jullien Coeffé, prêtre, confesseur ordinaire dudit couvent, etc.....

LAMBALLAY, *notaire.*

(1). La Gabelle avait un poste à Urloup avec un brigadier, *Arch. com.*

Cette prieure obtint du pape Innocent XII, en 1696, une concession d'indulgences pour son prieuré (1).

A la mort de Françoise Tuffin de la Royrie, Angélique-Renée de la Forêt d'Armaillé, abbesse de Saint-Sulpice, plaçait à la tête du prieuré de la Fougereuse Anne Tuffin de la Royrie, le deux septembre 1705.

Le 1er mai 1723, par devant F. Nollin, notaire à la Fougereuse, elle affermait pour 6 ans le temporel du prieuré à messire Joseph Gaillard, fermier général de la terre et seigneurie de la Brosse-Morreau, paroisse de Noirterre, à la charge de payer par chacun an le nombre de cent charges de bled, mesure de cette cour, neuf charges de froment, dix charges d'avoine de pareille mesure et la somme de trois mil quatre cent livres en argent... fait et passé à la grille dudit monastère de la Fougereuse, en présence d'André Boullay, marchand et de Jacques Massé, sergent ordinaire de cette cour... (2).

Le deux décembre de la même année, elle affermait pour 5 ans à Georges Touchais, marchand, demeurant au village de Malligny, les dixmes de Brigné et Malligné en la paroisse de Martigné-Briand, dépendantes du prieuré de la Fougereuse.

Une ordonnance du Roi, en l'année 1726, termina à l'avantage du prieuré la longue procédure suscitée par les empiètements de l'abbaye de Saint-Sulpice. L'ordonnance reconnut dame Anne Tuffin de la Royrie, fondatrice et patronne de l'église paroissiale de Saint-Maurice, contre Olive-Claude-Eléonore de Lesquen de la Villemeneust, abbesse de Saint-Sulpice. Un arrêté de la même année fit rentrer au trésor de la Fougereuse des pièces concernant ce prieuré, détenues au chartrier de Saint-Sulpice. Ce fut messire François Gaillard, prieur-curé d'Etusson, comme ayant pouvoir de Madame de Gouffier, qui plus tard, en 1735, ira à Saint-Sulpice pour l'exécution de cet arrêté. Dans son procès-verbal, il reconnaît avoir reçu de Madame d'Aubeterre, abbesse de Saint-Sulpice, 20 pièces en 4 liasses, pièces se rapportant à des dons faits au prieuré en 1197, 1202, 1212, 1237, 1256, 1263, 1269, 1280, 1291, 1296, 1307, 1385, 1421, 1424, 1441, 1514, 1516, 1543 et 1565. L'acte de 1516 se rapporte à un champ « tenant d'un côté au chemin de la Fougereuse à Notre-Dame-de-Grâce et de l'autre aux moulins Girard » ; c'est la pièce de terre connue aujourd'hui sous le nom de champ des Moutiers, numéro 216, section G du plan cadastral.

(1). *Arch, d'Ille-et-Vilaine*, 2 H 2, 70. — (2). *Arch. dép. de la Charente-Inférieure*, G. 53. — (3). *Arch. dép. d'Ille-et-Vilaine*, 2 H 2 72.

Anne Tuffin de la Royrie résigna son prieuré en 1727, -en faveur de Marie-Anne-Françoise Tuffin de la Royrie. Elle mourut le 30 juillet 1731 ; sa pierre tombale est dans la cour de M. Rambaud à l'entrée de l'ancienne chapelle de Sainte-Emmérance. La pièce suivante, émanant de la nouvelle prieure, nous renseigne sur les revenus et charges de la communauté, en 1728. (1)

### Prieuré de la Fougereuse

Déclaration que donne à nos seigneurs de l'assemblée générale du clergé de France qui sera tenue dans l'année 1730, et à Messieurs du bureau du diocèse de la Rochelle, dame Marie-Anne-Françoise Tuffin de la Royrie, prieure perpétuelle du prieuré conventuel de la Magdelaine de la Fougereuse des revenus et charges du dit prieuré pour satisfaire à la délibération de l'assemblée générale du clergé de France du 12 décembre 1726.

### Chapitre du Revenu

Dit premièrement la ditte dame prieure que le prieuré de la Fougereuse fut fondé de l'ordre de Saint Benoit en l'année 820 par Guy de la Fougereuse qui donna sa terre dudit lieu de la Fougereuse avec le titre de seigneur de la paroisse, fondateur et patron de l'église paroissiale du dit lieu avec tous droits de haute, moyenne et basse justice qui depuis a été érigée en titre de chatellenie avec droit de création d'officiers et d'exercice d'une juridiction contentieuse dans l'étendue du temporel dud. prieuré dont le revenu consiste dans le domaine général affermé pour le principal au sieur Joseph Gaillard par acte passé devant François Doublet, notaire royal et son collègue, le 1er may 1723, pour en payer le nombre de cent charges de blé seigle, mesure dud. lieu de la Fougereuse, estimées de dix années une comme une huict livres la charge, chaque charge composée de dix-huit boiceaux et chaque boiceau pesant vingt-une livres ou environ, les dittes cent charges sur ce pied revenantes à la somme de huit cent livres, cy. . . . . . . . . . . . . . . . 800 l.

Plus neuf charges de blé froment à la même mesure estimées de dix années une comme une dix livres la charge, cy . 90 l.

Plus dix charges d'avoine à la même mesure estimées de dix années une comme une cinq livres la charge, cy . . . 50 l,

Outre lesquels grains cydessus led. sieur Gaillard est obligé

1). *Arch. dép. de la Charente-Inférieure*, G. 53, année 1728.

de payer en argent la somme de trois mille trois cent vingt-cinq livres au lieu de celle de trois mille quatre cent livres portée aud. bail à cause d'une erreur de soixante-quinze livres comise dans l'état du revenu du temporel dudit prieuré qui avait été donné au dit sieur Gaillard, cy . . . . . . . . . . . . 3,325 l.

Plus une borderie joignant la closture du monastère que l'on fait valloir à la main et qui n'est comprise aud. bail général et produit environ quinze charges de blé seigle à la ditte mesure évaluée huict livres la charge, déduction faite des frais, cy 120 l.

Plus le parc dudit monastère, clos de murs, dans lequel sont les bâtimens et logemens des dames Relligieuses du dit monastère qui ne sont pas achevés non plus que l'église ajacente audit batiment et dans lequel parc sont les jardins potagers et arbres fruitiers qui à peine produisent des fruits et des légumes pour l'usage de la communauté, et dont on ne saurait estimer un revenu fixe, les dépenses pour leur culture et entretien n'étant pas suffisant pour la nourriture et les gages de ceux qui le cultivent . . . . . . . . . . . . . . . . . . néant.

Dans le même parc il y a environ quinze journeaux de vigne que l'on fait valloir à la main, qui produisent au plus quatre bariques de vin à raison de cinq livres la goute de chaque barique, cy. . , . . . . . . . . . . . . . . . . 20 l.

Plus trois petits prés à cueillir environ cinq petites chartées de foin qui ne sont pas suffisantes pour l'usage de la maison, chaque chartée estimée huict livres, cy . . . . . . . . 40 l.

Plus les bians et corvées des métayers et borderies qui ne sont que pour l'usage de communauté et ne produisent aucun revenu partant, cy. . . . . . . . . . . . , . . . néant

Plus les dixmes et prémices dans l'étendue des paroisses de Brigné et Martigné-Brian affermées à Georges Touchais, marchand, par bail passé devant Nollin, notaire de la Fougereuse, le 2 décembre 1723, avec la maison et le jardin appelé *la Petite Fougereuse* (1), et trois septiers de blé mouture, mesure de Brissac, à raison de 12 boiceaux par septier, chaque boiceau pesant vingt-huict à trente livres, pour la somme de cent quarante livres, cy . . . . . . . . . . . . . . . . . 140 l.

Plus cinq septiers de blé froment ditte mesure de Brissac, de rente foncière, assignée sur la terre du Haut de Chavagne, estimé vingt sols chaque boiceau, en tout soixante livres, cy 60 l.

Plus la rente de onze livres dix sols assignée sur le clos de

(1). Paroisse de Brigné.

vigne de Chanteloup, ditte paroisse de Brigné, au lieu de la dixme sur le dit clos, cy . . . . . . . . . . 11 l. 10 sols

Plus les lots et ventes et rentes seigneurialles sur le bourg de la Fougereuse, évaluées cinquante-cinq sols par an, cy 2 l. 15 sols.

Plus une tuillerie que l'on fait valloir à moitié, qui produit environ dix milliers de tuille estimée de dix années une comme une cent sols chaque millier, cy . . . . . . . . . . 50 l.

Plus deux petits étangs (1) qui ne produisent aucun revenu, les poissons qu'on y met y périssant plutôt que profiter partant cy. . . . . . . . . . . . . . . . . . néant

Plus les bois en coupe réglée montans à quarante-cinq ou cinquante arpans de peu de valleur, remplis de bruère produisant environ huit milliers de bourée ou fournille et un millier de bois paré au plus, ce qui n'est pas suffisant pour la provision de la communauté et fournir au fermier ce qui luy en est dû par an, ce qui fait que la communauté est obligée d'en acheter presque autant, cy. . . . . . . . . . . . . . néant

Plus quatre cartiers de vigne sittués ès-paroisses de Verché et Argenton, qui produisent environ dix bariques de vin de la grandeur de vingt-sept à vingt-huict veltes chaque barrique (2), y compris dans les dix bariques le produit de la dixme de Maligné dont a été cy-dessus parlé, estimé cinq livres la goutte de chaque barique, déduction faite des frais de vandanges, de façon de vignes et tonneaux, cy . . , . . . , . . . 50 l.

Plus une rente foncière de la goutte de trois busses de vin assignées sur la terre du châtelier Monbault, estimée cinq livres la goutte, déduction faite des frais, cy . . . . . . . . 15 l.

Somme toute du revenu annuel, quatre mille sept cent soixante et quatorze livres cinq sols, cy . . . . 4,774 l. 5 s.

Chapitre des Charges

Sur tous lesquels revenus qui dépendent du temporel du dit prieuré il en faut déduire les charges suivantes :

1° Les réfections et réparations ordinaires pour l'entretien des murs de clauture dudit monastère, qui coûtent au moins cent livres par an, cy . . . . . . . . . . . . . . . 600 l.

2° Plus les réparations de l'église et les bâtiments des religieuses coûtent au moins deux cent livres d'entretien, cy. 200 l.

3° L'entretien du cœur et des vitraux de l'église paroissialle

(1). Buzet et la Ligerie. — (2). La velte de 7 litres.

que la dite dame prieure est obligée d'entretenir, comme dame et patronne de la dite église avec les chapelles de Sainte-Anne, de Notre-Dame de Grâce et de Sainte Emérence, coûtent au moins trente livres, cy . . . . . . . . . . . . . . . . 30 l.

4° L'entretien des logements des métayers, bordiers, moulins et maison du fermier général, coûtent au moins six cent livres par an, proportion de ce qu'il en a coûté depuis les dix dernières années, cy . . . . . . . . . . . . . . . . . . . 600 l.

5e Pour la rente passive de huit boisseaux de bled, moitié froment, moitié seigle, mesure de Brissac, deuë au chapitre de Martigné-Brian, sept livres, cy. . . . . . . . . . . . 7 l.

Plus est deu au curé du Breuil près d'Argenton, seize boisseaux de bled seigle, mesure de la Fougereuse, estimé sept livres quatre sols, cy. . . . . . . . . . . . . . . . 7 l. 4 sols.

Plus au sieur de la Coussay quatre boisseaux bled seigle mesure de Fougereuse qu'il prétend sur la métairie de la Rais nière, estimé comme dessus trente six sols, ci . . 1 l. 16 sols.

Plus quinze sols, quinze écuelle de bois et deux chapons deus à la seigneurie de Sanzay, estimés cinq livres dix sols, cy. . . . . . . . . . . . . . . . . . . . 5 l. 10 sols.

Plus douze boisseaux bled seigle deu au curé de la Tour Landry dite mesure de Fougereuse estimé comme dessus cinq livres huit sols, cy. . . . . . . . . . . . . . . . 5 l. 8 sols.

Plus pour les menus censifs deu à différents seigneurs dix livres, cy. . . . . . . . . . . . . . . . . . . . 10 l.

Plus trois charges de bled seigle mesure de Fougereuse, prétendu par le prieur de Saint-Paul estimé comme dessus huit livres la charge, cy. . . . . . . . . . . . . . . . 24 l.

Plus douze boisseaux de gros de dixme deu au sieur curé de la Pleine dite mesure de Fougereuse, estimé comme dessus cinq livres sept sols, cy. . . . . . , . . . . . . . . . 5 l. 7 sols.

Plus quarante boisseaux de bled seigle deu au prieur d'Etusson mesure d'Argenton, qui en font deux charges mesure de la Fougereuse estimé comme dessus huit livres la charge, cy 16 l.

6° Il est deu par la communauté vingt-neuf mille cent trente-cinq livres deux sols de principaux de rente constituée au profit de plusieurs particuliers qui ont prêté leurs deniers et qui ont été employés à la construction de l'église et des bâtiments pour les religieuses qui ne sont pas achevées et que la communauté n'est pas en état de faire parachever et dont les intérêts au moyen des réductions ne se montent qu'à neuf cent livres et dont on ne peut reporter les titres de créance parce qu'ils sont entre les mains des créanciers, cy. . . . . . . . . . . . . 900 l.

7° Pour la nourriture de vingt-deux religieuses dames de chœur et de six sœurs converses et pour le vestière desdites religieuses et sœurs au moins trois mille cinq cent livres à raison de cent vingt cinq livres chacune, cy. . . . . 3500 l.

8° Pour les honoraires et la nourriture d'un aumônier quatre cent livres, cy. . . . . . . . . . . . . . . . . 400 l.

9° Pour l'entretien de la sacristie tant pour les ornements-livres, linge, pain, vin, cire et encens au moins deux cent livres, cy. . . . . . . . . . . . . . . . . . 200 l.

10° Pour la nourriture et les gages d'onze domestiques, treize cent livres, cy. . . . . . . . . . . . . . . . . 1300 l.

11° Pour les médecins, apothicaires et chirurgiens que l'on paye et nourrit à chaque fois qu'ils sont mandés, outre les drogues de l'apoticairerie de la maison au moins quatre cent livres proportion gardée de ce qu'il en a coûté depuis les dix dernières années . . . . . . . . . . . . . . . . . . . 400 l.

12° Pour la dépense des passants à qui on doit le droit d'hospitalité et autres allants et venants, au moins deux cent livres, cy. . . . . . . . . . . . . . . . . . . . 200 l.

13° Pour les décimes ordinaires et extraordinaires pour la présente année, mil sept cent vingt huit, comme en les années mil six cent vingt six et vingt sept, deux cent quarante cinq livres, cy. . . . . . . . . . . . . . . . . . . 245 l.

Nota. — Qu'il est deu par la communauté, outre les deptes et les charges cy dessus, environ la somme de dix mille livres.

Somme toute des charges, huit mille six cent cinquante-sept livres, cinq sols.

De calcul fait des revenus ordinaires de ladite communauté avec la dépense annuelle, il se trouve que la dépense excède la recepte de trois mille huit cent quatre-vingt-trois livres, ce qui fait que la communauté a été obligée de contracter pour environ dix mille livres de deptes actives et passives exigibles que l'on a bien de la peine à payer, et qui empesche de pouvoir achever l'église et les bâtiments.

Nota. — Que pour satisfaire entièrement à la délibération du clergé, la dite dame prieure déclare qu'il y a un petit bois de haute futaie dans l'enclos de la dite communauté, où il y a environ quatre ou cinq douzaine d'arbres sur leur retour, et hors l'enclos deux autres petits bois de haute futaie, l'un nommé le bois Potet et l'autre le bois Taillé, dans châquun desquels il y a cinq à six douzaine d'arbres de peu de valeur.

Laquelle déclaration de tous les revenus et de toutes les charges, nous susdite prieure perpétuelle soussignée, certifions et affirmons véritable sous les peines énoncées en la délibération de l'assemblée générale du clergé du douze décembre mil sept cent vingt-six dont nous avons envoyé le présent double à M. le sindic du diocèse de la Rochelle, résident à Fontenay, avec copie de baux et sous-baux, le tout aux fins portées par ladite délibération, déclarant au surplus sous les mêmes peines, qu'il n'y a ny contrelettre ni reserve au sujet des dits baux que celles qui y sont exprimées, et que nous n'avons omis aucun des biens dépendens de nôtre dit prieuré. En foy de quoy nous avons signé les présentes. Fait en notre monastère de la Fougereuse, le vingt-huit juillet mil sept cent vingt-huit.

M. A. Françoise Tuffin de la Royrie, prieure.

Les dames, prieure, et religieuses du monastère de la Fougereuse, capitulairement assemblées au son de la cloche en la manière accoutumée, déclarons avoir leu avec attention et entendu lire la présente déclaration des revenus et charges de notre communauté que nous assurons toutes unanimement être sincère et conforme à la vérité dont a été sur le champ fait mention sur le registre de nos délibérations ordinaires, le tout pour satisfaire à la délibération généralle du clergé de France du douze décembre mil sept cent vingt-six. En foy de quoy nous avons signé les présentes.

Fait en notre chapitre ce dit jour en an que dessus.

Sr M. A. Françoise Tuffin de la Royrie,
prieure.
Sr Anne Tuffin de la Royrie,
ancienne prieure.
Sr Louise Drouin.

Marie-Anne Françoise Tuffin de la Royrie, troisième prieure de son nom, mourut en 1735. Le document de 1728 nous a montré que les finances du monastère n'avaient pas permis l'achèvement des constructions commencées par Madame de Saint Offange.

---

## CHAPITRE VIII

# LE PRIEURÉ DE LA FOUGEREUSE de 1735 à 1793

Ce fut Marie-Victoire de Gouffier qui recueillit la succession de la dernière prieure. Elle fit rentrer dès la première année de sa charge, comme nous l'avons dit, de nombreuses pièces concernant son prieuré, retenues jusqu'alors à Saint-Sulpice. La nouvelle prieure appartenait à une famille célèbre du Poitou, qui avait en sa possession, depuis 1541, la châtellenie du Merle-Fougereuse. Elle portait pour armes : d'or à trois jumelles de sable, et pour devise : hic terminus hæret.

La visite de Mgr de Menou, dont nous transcrivons le procès-verbal, nous donne quelques détails sur la communauté dirigée par Madame de Gouffier.

« Augustin Roch de Menou, etc (1)... Après avoir indiqué, par notre mandement du neuf juillet 1739, notre visite épiscopale pour le prieuré et monastère de Sainte-Magdelaine de la Fougereuse, ordre de Saint-Benoist, de notre diocèse, au vingt-un septembre de la *même* année, nous nous y sommes rendu, la veille au soir, de la paroisse de Saint-Maurice de la Fougereuse, environ sur les trois heures, et aussitôt notre arrivée, nous avons fait venir toutes les religieuses de la communauté qui sont au nombre de dix-huit de chœur et six converses, et, après leur avoir parlé un peu de temps, nous les avons prié de se retirer et sommes resté au parloir avec Madame de

(1). Procès-verbal des visites de Mgr de Menou, communiqué par M. l'abbé H. Boutin. — *Arch. de l'évêché de Luçon.*

Gouffier, prieure perpétuelle de lad. maison, et avons pris connaissance de l'état de la maison et de la conduite de la communauté.

Le lendemain, sur les six heures du matin, nous sommes allé dans l'église desdittes religieuses, y avons célébré la sainte messe à laquelle toutes les religieuses ont communié ; après quoy nous avons donné la confirmation à une des religieuses et à trois personnes de lad. maison. Nous sommes ensuite allé au parloir et avons vu toutes les dites religieuses en particulier. Par les connaissances que nous avons pris du revenu de la maison, nous l'avons trouvé monter entre six à sept milles livres, sur quoy il y a beaucoup de charges. L'église est propre et fournie de tous les vases sacrés, ornements et linges nécessaires ; la clôture est bien gardée. Nous nous sommes réservés à faire les règlements que nous jugerons convenables pour être observés dans lad. maison.

Le sieur Ch. Papin, prêtre de notre diocèse est confesseur de lad. communauté ; il y travaille avec zèle et édification.

Fait et arrêté en lad. communauté de Sainte-Magdelaine de la Fougereuse, ledit jour, 21 septembre 1739.

† Aug. R. év. de La Rochelle,
Roulleau, vic. gén.
François, secr.

Madame de Gouffier mourait en 1754 ; c'est le 24 mai de la même année que le prieuré fut présenté par l'abbesse de Saint-Sulpice à Marie-Joseph-Louise de Brécheu. Quelques jours plus tard, le 3 juin, Sœur Bonnaud du couvent de la Fougereuse envoyait par lettre à madame de Brécheu les notes suivantes sur son prieuré (1).

« ..... Le revenu du prieuré de la Fougereuse bon an mal an peut se monter à dix ou douze mille livres, savoir quatre mille livres en argent, cent charges de bled seigle que donne le fermier, plus treize charges de froment et avoine.

Les réserves sont une borderie en notre cour que nous faisons valoir et qui fournit à la dépense de la communauté tant en froment pour nous que seigle pour les domestiques, plus les dixmes de Maligné affermée cent cinquante livres en argent et de réserves les dixmes de vin du meilleur d'Anjou dont il y a actuellement quatorze barriques à vendre, ayant ici notre pro-

(1). *Arch. dép. d'Ille-et-Vilaine*, 2 H 2 69.

vision faite jusqu'aux vendanges ; deux étangs et la rivière poissonneuse, plus quatre-vingts journaux de vigne bon cru, vingt journaux de vigne dans notre enclos, plus les bois suffisant pour l'entretien de la maison. Madame de Gouffier doit payer cent écus de pension, et j'ai une nièce pensionnère qui paye quatre cents livres, il y a une autre pensionnère qui se nomme de Gérenson qui paye deux cents livres et qui doit une année le quatorze de ce mois excepté un billet qu'elle a de feue Madame de douze livres dont elle n'a point de reconnaissance, le tout peut se monter à cinquante livres. Les charges sont de rente hypotéquaires environ cent pistolles. Les dettes exigibles sont peu de chose, on peut les reputer quitte, ayant actuellement cent charges de bled seigle à vendre, quatorze barriques de vin d'Anjou, cinq mille lattes, plusieurs milliers de mairin et environ vingt arbres abattus pour en faire du mairin et bois à ouvrage. L'amende est payée pour l'affaire des bois, mais les frais ne sont point taxés ; c'est M. Bucquet qui doit les taxer. J'aurai l'honneur d'informer Madame de cette affaire, qui est en ordre avec toutes les quittances et autres papiers dans le second tiroir d'en bas de la commode qui est dans le cabinet de l'appartenant de feu Madame ; recommandé de ne point l'ouvrir devant personne ; recommandé de ne rien changer du gouvernement jusqu'à ce que Madame ait pris une connaissance suffisante du train de la maison et de se communiquer peu dans les commencements.

Sœur Bonnaud, dépositaire, secrétaire et sœur conseillère. Mon adresse est à Argenton le Château en Poitou pour la Fougereuse. »

Une lettre de frère A. Saget, Augustin, confesseur des dames de la Fougereuse, accompagnait cet état et ajoutait qu'il y avait vingt-deux louis dans le cabinet de feu Madame ; il constate qu'il y a des réparations à faire au clocher, aux étangs et en quelques autres endroits. Il dit que la communauté est composée de dix-huit religieuses de chœur dont sept de bonne condition et de quatre Sœurs converses ; à l'exception de la dernière Sœur professe, la plus jeune des autres a environ quarante-six ans.

Marie-Joseph, Louise de Brécheu gouverna son prieuré pendant vingt-quatre ans, elle mourut à la fin de 1778. Avant d'être nommée prieure de la Fougereuse, elle était grande dépositaire de l'abbaye de Sulpice. C'est en cette qualité qu'elle reçut en 1748 une longue lettre du fondé de pouvoirs de l'abbesse, venu en Poitou pour rendre aveu au duc de la Trémoille du prieuré de

Vaucouleurs. Dans cette missive, il mentionne l'état de ce prieuré et de celui de Sainte-Glaine (sic)(Saint-Lienne), paroisse de Moutiers (1).

La mort de madame de Brécheu fut le signal d'une nouvelle difficulté entre l'évêque de La Rochelle et l'abbaye de Saint-Sulpice.

L'évêque de la Rochelle prétendit que le prieuré de la Fougereuse devait être regardé comme un bénéfice et nomma prieure, après la mort de Madame de Brécheu, le 3 janvier 1779, Louise-Madeleine Fumée d'Alogny ; pour protester contre l'acte de l'évêque, le chapitre de Saint-Sulpice n'agréa pas cette nomination et désigna comme prieure Bénigne-Charlotte de la Haye de Saint-Hilaire. On s'accorda finalement sur le nom de Guillemette-Eléonore de la Guiche, qui demeura prieure de la Fougereuse de 1779 à 1782.

Il existe aux Archives départementales du Maine-et-Loire, outre cinq dossiers concernant le temporel de la Fougereuse, deux registres de recettes des années 1780 et 1781 (2). Le premier registre nous donne les noms des fermiers qui exploitaient à cette époque les domaines du prieuré ; nous les avons cités dans la première partie de ce travail. Les baux des terres du monastère contiennent tous cette clause : les fermiers devront un gâteau au jour des Rois. Cette coutume, encore en honneur dans beaucoup de pays, de *tirer la fève* à l'Epiphanie, a disparu complètement de notre contrée.

Le second registre est le *Papier de recettes et cens* dus à la châtellenie de la Fougereuse (1781 (3). « Etait due à Madame la prieure : une rente à Argenton-Château sur la maison du Dauphin. La Bauge devait 8 bois. de seigle ; les sieurs de Bretignolles, de Beaurepaire et le prieur de Cléré devaient 4 septiers de seigle (4) ; la Touche-Boussion, paroisse de Chanteloup, 12 chapons et 3 livres argent ; la Grande-Brosse-Sorin, à Somloire, 4 septiers seigle, 3 livres argent ; les Châtelliers, 3 septiers seigle ; le Pré-Formiau à Saint-Hilaire-du-Bois, 27 sols, 6 deniers ; les Cormières, à Nueil-sous-Passavant, 8 poulets et 8 boisseaux seigle ; Chauvigné, à Saint-Martin-de-Macon, 12 boisseaux froment, 12 boisseaux seigle, 12 boisseaux baillarge ; Chavagné, à Chavagnes-en-Anjou, 5 septiers froment ; les Cerqueux de

(1). *Arch. départ. d'Ille-et-Vilaine*, 2 H 2 123. — (2). Série H, registre I et II. — (3). *Arch. dép. du Maine-et-Loire*. H, Prieuré de Fougereuse, I registre. — (4). Ces 4 septiers étaient prélevés sur la dîme due dans la paroisse de Cléré. *Arch. de Bretignolles*.

Maulévrier, 24 boisseaux froment, 24 boisseaux seigle ; Civie, à Etusson, 16 boisseaux seigle, 1 poule, 2 deniers. Le duc de Châtillon devait 3 livres de rente.

Daimé, à Montbrun, 16 boisseaux froment ; Grand-Pont des Dorides (Aubiers), 8 septiers seigle, 8 boisseaux seigle.

A Airvault, M. du Chilleau doit une rente de 3 liv. 10 sols. Pour la Forest, à Sanzay, le seigneur d'Argenton doit 3 buces de vin. Droit de fromentage à Thouars, M. le duc de la Trémoïlle doit 10 septiers froment ; les Grandes Gaudinières, à Saint-Hilaire-du-Bois, 35 sols ; la métairie de Laspois, (à Chalou pour Chaillou, en 1789) sur Moutiers, 20 sols ; le Merle, à Saint-Maurice, 4 septiers seigle, 30 boisseaux froment ; Marpathes, à Mazières, 3 liv. 3 deniers ; Mauny, à Saint-Hilaire-du-Bois, 16 boisseaux seigle ; le Puy-Piavault, à Montbrun, 8 boisseaux froment ; Poupe-Garde, à Louresse, 3 septiers mouture ; la Roche-Boisseau, à Nueil, 4 septiers froment ; la Rousselière, à Chanteloup, 2 chapons ; la Petite-Sévérie, à la Coudre, 2 livres ; la Touche-Amé, à Saint-Clémentin, 2 septiers seigle ; la Grande-Troche, aux Cerqueux-sous-Maulévrier, 5 septiers seigle ; Touche-Ville, à Boesse, 3 septiers seigle ; Tour Guionneau, à Izernay, 15 sols et 2 poules ; pour les moulins de Thouars, M. le duc de la Trémoïlle doit 36 boisseaux froment ; la Prévôté de Thouars 20 livres ; la Vacheresse, 3 livres 10 sols ; Vaucouleurs, 20 douzaines bled seigle ; la Véralliére, aux Aubiers, 16 boisseaux seigle ; 60 livres pour les dixmes de Luché, 24 pour celles de Montilliers, 4 chapons et 16 sols pour celle d'Izernay ; 120 livres pour celles de la Tour-Landry ; plus les dixmes de Saint-Maurice, de la Ligerie, de Saint-Paul, de Saint-Hilaire, de Coron, de la Plaine, d'Etusson, de Genneton, de Nueil, de Maligné et de Brigné. Pour celle de Somloire, 6 deniers ; pour l'Etang de Somloire, 25 livres ; la Gaudinière, aux Aubiers, 20 sols et 2 chapons ; Miliepieds, aux Aubiers, 16 boisseaux seigle.

### Censives

Sur Bégrolle, les Brenelles d'Argenton-l'Eglise, à Passavant, à Saint-Paul, à Saint-Hilaire, à Genneton, Trémentines, Cerqueux de Maulévrier, Echaubrognes, Voultegon, la Fresnaye des Aubiers, la Bonne-Mort de la Chapelle-Gaudin, le pâtis du Gast, à Moutiers ; la Violière, à la Chapelle-Gaudin, Bégrolle, à la Chapelle-Gaudin, le Doyenné, même paroisse, due par le sieur de Vermettes ; le Pas-Margot, même paroisse, due par le chapelain de Montfermier; les Nouettes, la Guichardière, la Bouaillière, même paroisse ; Grand-Champ, Champoisseau, à Noirterre ; pièces de terre à la Chapelle-Gaudin ; maisons à Coulonges.

### Hommages

La Grande-Gaudrière doit foy et hommage, à rachat et 2 s. de service. Aveu par Lamballais de Beauvais en 1757, puis par Gaillard.

La Cope-Chollière doit foy et hommage et une rente de 40 boisseaux seigle 16 sols, 2 chapons ; en 1765, 1 chapon 5 sols 6 deniers. Hommage dû par M. Bitault, conseiller au Parlement.

### Cens

200 livres de rente sur la Brosse de Saint-Maurice, dues par M. Piet de Beaurepaire.

La Grossinière 4 septiers et 12 bois. seigle, 4 chapons, 5 livres, 5 sols, 2 deniers. Sur la Rivière Juliot, le curé de Saint-Maurice devait 14 livres ; les Ouches à Marie à Saint-Maurice 4 bois. seigle ; les maisons de la Boullaye à la Fougereuse 10 sols dus par M. de Lancreau, seigneur de Piard ; les bois Saint-Jean à Saint-Maurice 12 deniers ; le pré au Roy 5 sols ; la Pierre Petouze 10 deniers ; La Maison du Bon Conseil, diverses autres maisons à la Fougereuse, les moulins, des terres près le Bois Potet, le Petit Vignault, le Costeau, la maison de la Boulordière devaient aussi le cens. Notons que la terre était tenue à hommage quand elle était noble et à cens si elle était roturière. La censive est donc une terre chargée d'une redevance annuelle, et le cens est cette redevance imposée lors de la première concession de l'héritage.

Les dixmes de la paroisse Saint-Maurice étaient dues à la prieure ; elles comprenaient en 1789 22 agneaux, 31 livres de laine, 36 douzaines de lin bien mauvais ; en seigle 6 douzaines ; en froment 15 boisseaux ; en orge 5 boisseaux ; en avoine 3 boisseaux ; en argent 3 livres 19 sols.

Voilà donc à quoi s'élevait cette dîme si décriée et dont les ignorants et les sectaires ont fait pendant longtemps un épouvantail contre le clergé. Les écrivains socialistes vraiment sincères (1) ont reconnu que la dîme n'était pas une portion du revenu du propriétaire ; c'était une part du droit de propriété.

(1). Benoit Malon, *Revue Socialiste.*

le sol qui la supportait n'était au propriétaire que pour les neuf dixièmes, il n'avait été acheté et transmis qu'à la condition qu'un dixième des revenus en nature fut réservé à un autre propriétaire, à l'Eglise dans le principe. Or l'église, à cette époque, avait non seulement à pourvoir au culte, à l'entretien de de ses ministres et des édifices sacrés, mais aussi à l'instruction publique et aux œuvres hospitalières. Lorsque les dîmes ecclésiastiques furent abolies le 4 août 1789, ce fut un cadeau que l'Etat fit aux propriétaires tenus à la dime ; il eut agi plus sagement en les gardant pour lui.

A Guillemette, Eléonore de la Guiche avait succédé comme prieure de la Fougereuse, en 1782, Elisabeth, Cécile Barton de Montbas, nommée le 10 juin par l'abbesse de Saint-Sulpice ; l'évêque de La Rochelle ne l'accepta pas. Ce fut Madame Louise, Françoise de Mercy, qui fut agréée et qui sera la dernière prieure de l'antique monastère. Elle appartenait à une illustre famille et avait pour armes : *d'or à la croix d'azur.*

Le 2 novembre 1789, la Constituante *sécularisa* les biens de l'Eglise de France à la charge par la nation de pourvoir d'une façon convenable au frais du culte et à l'entretien de ses ministres. En dépouillant les religieux de leurs biens, elle s'engageait à leur servir une pension viagère.

Le 3 août 1790, sur le réquisitoire du procureur sindic (de Vihiers) (1), le Directoire arrêtait de se transporter le vendredi suivant à la communauté de la Fougereuse pour y procéder à l'inventaire du mobilier ainsi que des titres, papiers, etc. Cet inventaire fut dressé le 6 août 1790 et complété le 16 novembre de la même année. Malgré d'actives recherches aux archives de Niort, d'Angers et aux archives nationales, nous n'avons pu retrouver ce procès-verbal. Ces archives ne le possèdent pas ; il a sans doute disparu avec les autres titres de la Fougereuse dans l'incendie de la Préfecture des Deux-Sèvres en 1807.

Le 23 août 1790, sur la requête de la municipalité de Saint-Maurice, le Directoire de Vihiers décidait de réparer, pour 447 livres 15 sols, les moulins dépendant du prieuré. Le 2 octobre, il touchait la rente de 140 boisseaux de bled seigle dûs par le fermier de Vaucouleurs, à la communauté de la Fougereuse.

« Le 3 décembre, sur la requête présentée par les dames religieuses de la communauté de la Fougereuse, tendant à ce qu'il soit distrait de la vente des biens nationaux le jardin

(1). *Arch. départ. du Maine-et-Loire*, L. 1040, registre des délibérations du district.

dépendant du logement de l'aumonier et un petit logement servant autrefois à loger le garde, lequel ouvrait ci-devant dans l'intérieur de la communauté et n'avait été fabriqué que pour l'usage du garde... Le Directoire, ouï le procureur sindic, désirant donner aux dames religieuses de la Fougereuse *des preuves de sa singulière considération* et les faire jouir de tous les avantages qu'il est en son pouvoir de leur accorder, a arrêté que pour se conformer à leurs vœux, et le jardin servant à l'aumônier ainsi que l'appartement qu'occupait cy-devant leur garde, lesquels sont dans l'intérieur de laditte communauté, leur seraient conservés et comme tels exceptés provisoirement de la vente des biens nationaux.

Monsieur le procureur sindic a dit que les religieuses de la même communauté demandaient qu'il leur fut accordé une somme de trois cents livres dont elles avaient besoin pour frayer aux dépenses de la maison.

Le Directoire a arrêté qu'il serait donné des ordres au receveur de leur compter cette somme.

Ouï le rapport d'une autre requête, présentée par le sieur Gourion, médecin créancier de laditte communauté de la Fougereuse, tendante à en obtenir le payement, il a été arrêté que laditte requête serait enregistrée et envoyée au département avec l'avis du district en pied, portant que la créance du sieur Gourion était portée dans l'inventaire, sauf à déduire les cent cinquante livres pour honoraires relatifs à la présente année sur le traitement des religieuses pour 1790. »

L'heure de la spoliation définitive approchant, les religieuses, attachées à leur saint asile, résolurent de tenter un dernier effort pour sauver leur monastère. Capitulairement assemblées, elles rédigèrent l'acte suivant qui nous fait connaître le nombre et les noms des religieuses composant alors la communauté.

### Acte capitulaire du 8 Février 1791

« Nous, religieuses et sœurs converses de la communauté de la Fougereuse, soussignées et assemblées capitulairement en la salle ordinaire de nos délibérations (1).

Madame la prieure a dit qu'elle était instruite que l'on poursuivait au district de Vihiers la vente de la métairie de la Cour, dépendente de laditte communauté, dont les bâtiments sont

(1). *Arch, départ. du Maine-et-Loire*, Q, contrats de vente de biens nationaux, district de Vihiers, II, double feuille encartée dans le registre.

dans l'intérieur de la communauté, que cette métairie, par ces considérations, est de la plus grande comodité pour la maison et qu'il résulterait une grande gêne si un propriétaire étranger venait à l'acheter, pourquoi a proposé d'en faire l'acquisition en commun, sur quoy nous religieuses et sœurs converses soussignées, après avoir délibéré et adoptant la proposition de Madame la prieure, nous avons donné par ces présentes pouvoir au sieur Coquin de pour nous et en notre nom acheter laditte métairie à tel prix qu'il jugera à propos, nous obligeant solidairement aux payements du prix de laditte acquisition, conformément aux décrets et d'aquiter garantir libérer ledit sieur Coquin de toutes les obligations qu'il pourra contracter à ce sujet l'aqu'elle acquisition sera faitte entre nous aux conditions suivantes, que laditte métairie restera commune entre nous et appartiendra à la dernière vivante d'entre nous et passera à ses héritiers. Délibéré en la communauté de la Fougereuse, le huit février mil sept cent quatre-vingt-onze.

Sœur de Mercy, prieure ; s[r] Folligné, s[r] de Poutual, s[r] Bernier, s[r] Fontaine, s[r] Coquin, s[r] Paillou, s[r] Le Fort, s[r] de Richeteau de la Coindrie, s[r] de Richeteau de Villejame, s[r] de Richeteau, s[r] Renaudin, s[r] Raillon, s[r] Marie Podo ? s[r] Marguerite Crespelière, s[r] Espérance Pouge, s[r] Louise David, s[r] Marie Hurtcault, s[r] Marie Maudoux, s[r] de Carnazet, souprieure économe. »

Le lendemain, 9 février 1791, René Coquin au nom des Religieuses acquérait pour 11000 livres la métairie de la Cour de la Fougereuse.

Les Religieuses, espérant contre toute espérance, n'avaient donc pas hésité à racheter une partie de leurs propres biens dans le but de sauvegarder l'existence de leur maison. Ces illusions, à la veille de la Révolution, s'expliquent. Les moniales de la Fougereuse habitaient une région encore religieuse ; elles appartenaient, pour la plupart, aux familles de la contrée ; si elles possédaient un domaine considérable, leurs tenanciers n'avaient pas à se plaindre ; sous la crosse il faisait bon vivre. Les sentiments du Directoire de Vihiers à leur égard nous sont connus ; les administrateurs s'étaient montrés bienveillants pour la communauté, la municipalité de la Fougereuse agit de même. Au moment où les biens du couvent, dotation des siècles de Foi, vont être vendus nationalement, malgré les convocations du district pas un membre de la municipalité de la Fougereuse ne voudra paraître sanctionner par sa présence la spoliation des bienfaitrices du pays.

Leur métairie de la Cour, enclavée dans le couvent, leur avait été adjugée le 9 février ; le 24 mars de cette même année 1791, la Petite-Touche était acquise par René Coquin, marchand-aubergiste à la Fougereuse, pour 8.000 livres ; le Puy-Guitton par François Lepin, laboureur aux brosses de Saint-Paul, pour 7.025 livres (1). Le 19 mai 1791, la Petite-Gaucherie fut vendue pour 6.675 livres à Etienne Amant, aubergiste à Vihiers, à René Pauvert, huissier à Martigné, et à Charles-François Duquesne, notaire au même lieu. Les quatre moulins à vent de la Fougereuse, avec les champs qui en dépendaient, furent acquis pour 8.000 livres, par Jacques Baranger, meunier à Argenton ; le Pain-Perdu fut acheté pour 1.125 livres par Charles Vacher, voiturier à la Fougereuse ; le Quarteron, dépendance de la ci-devant chapelle de la communauté de la Fougereuse, était adjugé pour 2.000 livres à Claude Gaillard, de la Fougereuse ; la Ligerie, pour 14.000 livres, à la veuve de Gabriel Brunet, de Cléré (2). Le 22 juin 1791, la maison de l'aumônier, au bourg de la Fougereuse, était achetée par Jeanneteau, aubergiste à Vihiers ; un emplacement fut adjugé à François Croison, cordonnier ; la Haute-Touche à René Coquin, pour 9.900 livres ; un bordage sans maison, près la Grossinière, à Jean Sauvestre, pour 1.825 livres ; la Pellerie, à Louis Besnard, pour 8.150 livres ; les Eponneries (deux métairies), à Jacques Carry, de Louresse, canton de Doué, pour 13.125 livres ; l'Eponnerie à Pierre Baranger, pour 8.400 livres ; la Grande-Gaucherie, à Etienne Amant, aubergiste à Vihiers, René Pauvert, huissier et Charles-François Duquesne, notaire à Martigné, pour 8.150 livres ; l'Etang, aux mêmes adjudicataires, pour 7.450 livres (3).

Les autres domaines, situés dans les paroisses environnantes subissaient le même sort ; le monastère se trouva réduit à son enclôture. La Constituante s'était engagée à servir une pension viagère aux religieux dépouillés de leurs biens. L'Assemblée législative, par la loi du 14 août 1792, statua que tout citoyen recevant traitement sera censé y avoir renoncé, s'il ne justifie que dans la huitaine il a prêté serment d'être fidèle à la nation, de maintenir la liberté et l'égalité ou de mourir en les défendant. Cette inique mesure obligea les Religieuses à quitter leur monastère ; les unes retournèrent dans leurs familles, les autres, ne pouvant se résoudre à abandonner la maison sanctifiée par la

(1). *Arch. dép. du Maine-et-Loire*, Q, contrats de vente de biens nationaux, registre I. — (2). Mêmes archives, registre VI.— (3). Mêmes archives, registre IV.

prière pendant près d'un millénaire, demeurèrent à la Fougereuse sous la protection des habitants, jusqu'au jour de la dispersion définitive et de la destruction du prieuré. Le 5 septembre 1792, la maison du Bon Conseil et la chapelle de Sainte-Emmérance, annexes du monastère, furent vendues nationalement pour 85 livres à Jacques Deligny (1). Les quelques pensionnaires qui s'y trouvaient rejoignirent les dames religieuses, dans les bâtiments situés dans l'enclôture.

(1). Papiers de Madame veuve J. Rambaud.

## CHAPITRE IX

### RUINE DU PRIEURÉ

Au mois de janvier 1794, la Vendée militaire est en pleine insurrection. Pour la dompter la Convention a lancé contre elle ses armées ; l'un des généraux les plus féroces, Grignon, a son quartier-général à Argenton-Château. C'est de là qu'il part pour mettre à feu et à sang toute la contrée environnante. Guidé par la canaille du pays, il s'avance à coup sûr.

C'est dans le premier mois de cette année qu'il faut placer l'incendie du monastère de la Fougereuse. Conduite par un nommé Fardeau, du Breuil sous Argenton, la troupe, escortée des pillards soi-disant patriotes, arrivait inopinément au bourg de la Fougereuse. Une brèche est ouverte dans les murs du prieuré, les bandits s'y précipitent. Fardeau et ses dignes acolythes approchent des fagots des portes de l'église et du couvent et poussent des cris de mort contre les religieuses demeurées dans leur asile. Jean-Paul Roullet, originaire de Chemillé, qui commande l'escadron de hussards républicains avait fait placer ses soldats sur deux lignes à la grande porte qui donne sur le plan. En soldat qui ne met pas sa gloire à massacrer d'inoffensives religieuses, Jean-Paul veut qu'on épargne ces malheureuses femmes. Pour donner le change aux patriotes, il jure et sacre comme un païen ; ses soldats partagent l'humanité de leur chef et entraînent les religieuses et les pensionnaires qui ont pu sortir de la maison (1). Celles qui sont restées,

(1). Souvenirs recueillis par la fille de Jean-Paul Roullet, encore vivante.

affolées par les cris de fureur et par la crainte des pires outrages, en face de la flamme qui déjà s'élève, préférant la mort au déshonneur se précipitent par les fenêtres et périssent dans leur chute ou sous les coups des misérables. Leurs corps sont jetés dans la grande citerne qui avoisine la route. Le prieuré est mis à sac et pillé; l'ameublement, la literie, les boiseries sculptées, tout est enlevé et transporté dans les champs qui s'étendent entre les Moulins et Grâce, où les pillards ont établi leur camp. Pendant huit jours les flammes s'alimenteront des objets qui proviennent du monastère ou de la maison du Bon-Conseil. Pour s'entretenir la main, les colonnes si bien nommées Colonnes Infernales, incendient le bourg de la Fougereuse ; d'après la tradition, une seule maison, l'auberge sise en face le couvent, échappa aux flammes. La population épouvantée s'était enfuie dans les bois ; de la bosse du Guéoù ils s'étaient en partie réfugiés, les habitants aperçurent les rouges lueurs de l'incendie et entendirent le clocher du monastèrent s'abîmer dans les flammes. Le spectacle de cette destruction bestiale avait laissé de profonds souvenirs dans l'âme du généreux républicain Jean-Paul Roullet, à qui plusieurs religieuses étaient redevables de la vie.

Après la pacification de la Vendée, il vint habiter Vihiers; de là il se rendait souvent souvent à Argenton-Château et quand il traversait le bourg de la Fougereuse, arrivé en face des ruines du couvent, il en détournait la tête en murmurant : oh! cette brèche!! comme s'il revivait par la pensée les tristes heures d'une expédition où ses mains étaient cependant demeurées nettes du sang des victimes.

Parmi les religieuses qui survécurent à ces scènes de barbarie, nous retrouvons « Marie-Adélaïde de Richeteau et Mélanie de Richeteau, ex-religieuses de la Fougereuse, élargies provisoirement par la commission militaire séant à Angers. Elles se présentent à la Municipalité d'Angers le 4 ventôse, an II (22 février 1794) ; elles déclarent à la dite Municipalité qu'elles fixent leur domicile à Angers, l'une chez Aveline de Narcé, l'autre chez Poisson de Gastine, sur le Tertre Saint-Laurent (1). »

Le 8 mars 1797, Jeanne, Scholastique de Poutual, religieuse décédée à la Fougereuse, était inhumée au cimetière de cette paroisse par l'abbé Jarry ; elle avait 66 ans, l'acte de décès porte qu'elle mourut dans des bâtiments dépendant de l'ancienne communauté. A sa sépulture assistèrent Angélique Fontaine,

(1). *Arch. de la mairie d'Angers.*

Renée Coquin, Pulchérie Renaudin, marie-Anne Raillon, toutes religieuses du même ordre et de la même communauté, Marguerite Crepellière, Marie Hurtaud, sœurs converses (1).

Cet acte nous prouve qu'à cette époque, les religieuses survivantes avaient repris la vie commune.

Angélique Fontaine, décédée le 16 février 1801, fut enterrée le lendemain : elle n'avait que 57 ans ; à sa sépulture étaient présentes Renée Coquin, Pulchérie Renaudin, Marie-Anne Raillon *dames religieuses,* Marguerite Crepelière, Marie-Louise Hurteault, Marie Modoux, sœurs converses (2).

Le 23 novembre 1804, Marie-Marguerite Crepellière, âgée de 65 ans, mourait à son tour; à ses funérailles, le lendemain, assistent Renée, Catherine Coquin, Pulchérie Renaudin, Marie-Anne Raillon *dames religieuses de chœur,* Marie-Louise Urteault et Marie Maudoux, sœurs converses.

Le 15 décembre 1814, Renée, Catherine Charlotte Coquin décédait, âgée d'environ 71 ans, *religieuse professe de l'Ordre de Saint-Benoît;* à sa sépulture ne figure plus que Marie-Louise-Françoise Hurteault.

Marie Maudoux succombait le 8 février 1817 à l'âge de 58 ans.

Marie-Louise Hurteault habitait Argenton-Château depuis 1805 ; plusieurs fois marraine dans cette dernière ville, elle se qualifie toujours : Sœur religieuse Bénédictine du ci-devant monastère de la Fougereuse (3).

Les administrateurs de l'hospice ayant pu restaurer les bâtiments incendiés et relever les ruines demandent comme supérieure pour gouverner la maison, Madame Marie-Louise Hurtault, cy-devant sœur converse à la communauté de la Fougereuse, après avoir pris des renseignements trouvés favorables sur sa capacité, ses connaissances en chirurgie et ses mœurs (4).

Madame Hurtault, consultée aussitôt, déclare accepter la direction de la maison, moyennant un traitement annuel de cent francs. Elle demande aussi aux administrateurs de prendre à la charge de l'hospice la pharmacie qu'elle possède (5).

Cette délibération est du 18 mars 1807 ; elle fut approuvée par le Préfet le 16 avril de la même année, et Madame Marie-

(1). *Arch. com.* — (2). *Arch. de la Fabrique.* — (3). Carnet de notes de famille, par Me Girard, notaire à Argenton, maire révoqué en 1830; communiqué par Me Vendangeon. — (4). *Archives de l'hospice d'Argenton-Château,* registre des délibérations des administrateurs, folios 26 et 110. — (5). C'était cette religieuse qui était chargée de la pharmacie au couvent de la Fougereuse. Retirée à Argenton, elle était déjà, en fait, supérieure de l'hospice en 1805.

Louise Hurtault gouverna l'hospice jusqu'à sa mort, le 1er mai 1832 ; elle avait alors 74 ans ; elle fut inhumée au cimetière d'Argenton, où se voit encore sa tombe, le 3 mai, par M. Robert, curé d'Argenton, en présence de Henri Baranger et Louis Hurtault, ses petits-neveux. Sœur Marie-Louise Hurtault laissait en mourant un legs de cent francs à l'hospice d'Argenton-Château.

Avec elle disparut, dans le diocèse de Poitiers, la dernière religieuse de l'ordre bénédictin de Raoul de la Fustaye. La vie religieuse commencée à la chapelle Sainte Marie-Magdelaine, en 820, par Avoie, fille de Guy de la Fougereuse, s'éteignait avec Marie-Louise Hurtault après 1012 ans de durée.

L'expédition de Grignon, au mois de janvier 1794, n'avait laissé subsister du prieuré que d'imposantes ruines. Le 22 thermidor, an IV, l'enclôture du couvent de la Haye-Fougereuse, comprenant environ 180 boisselées de terre, y compris les cours, jardins et masses de bâtiments brûlés, furent vendus par l'Etat pour 4.990 francs à Joseph Houpard et François Grimault, tanneur à Thouars (1). Ces acquéreurs ne touchèrent point aux ruines. Le plan cadastral dressé en 1813 nous a ainsi conservé le dessin des constructions de l'antique prieuré.

En 1831, l'ancien couvent et son enclôture étaient en la possession de M. le baron de la Haye-Fougereuse. Lorsque s'agita la question de restaurer l'église paroissiale de Saint-Maurice, le baron offrit gratuitement à la commune l'ancienne église Saint-Pierre et les bâtiments qui s'y adossent, pour servir d'église paroissiale et de presbytère. Le 18 janvier 1839, le Conseil municipal se contenta de répondre qu'il aviserait.

Quelques années plus tard, une autre occasion se présenta, non seulement de restaurer le culte dans l'ancienne église, mais de faire refleurir la vie religieuse sur un sol consacré à Dieu pendant tant de siècles. M. l'abbé Catroux, fondateur des sœurs dites de la Salle de Vihiers, cherchant un domaine pour installer sa nouvelle famille, s'en vint visiter l'ancien prieuré Bénédictin de la Fougereuse. Il avait, dit-on, résolu de l'acquérir ; on ne sait pour quelle cause cette affaire ne fut pas menée à bonne fin.

En 1857, le couvent devint la propriété de la famille Belloin. Depuis, l'église Sainte-Marie-Madeleine, sauf une absidiole, et

(1). *Arch. dép. des Deux-Sèvres*, Q, 64.

les bâtiments qui y étaient contigus ont été démolis, les pierres dispersées ici ou là ; le cimetière détruit. L'église construite au XVIIe siècle subsiste toujours ; une somme relativement peu considérable la remettrait en état. Ce serait l'occasion de retrouver pour le bourg de la Fougereuse un peu de sa vie et de sa prospérité d'autrefois si..... un acte généreux transformait cette belle ruine en chapelle de secours.

---

## APPENDICE

### I

Liste des prieures du monastère de Sainte-Marie-Madeleine de la Fougereuse, d'après les *Archives départementales d'Ille-et-Vilaine*, fonds Saint-Sulpice des Bois, H, liasses cotées 2 H 2, 69, 2 H 2, 70, 2 H 2, 71 et 2 H 2, 72 ; d'après les *Archives départementales du Maine-et-Loire* H, prieuré de Fougereuse, liasses 3 et 5, et les registres de l'état religieux aux *Archives communales :*

*Avia* ou *Avoye*, 820. — *Oicia*, XII<sup>e</sup> siècle, sans date, le même acte concernant un bail à rente des moulins d'Aumon (environs de Bressuire) désigne comme sous-prieure *Juliana* supriorissa ; un autre acte daté de 1197 mentionne la même prieure *Oice* avec *Oda de Bonnay*, sous-prieure. — *Jeanne de Quédillac*, acte de 1421, 1423, elle devint abbesse de Saint-Sulpice, 1437. — *Jeanne Ferré*, acte de 1441. — *Olive de Cahidue*, actes de 1454 et de 1470 ; un de ces actes concerne la Nonnerie aux Echaubrognes, dépendant du prieuré de la Fougereuse. — *Andrée de la Chapelle*, actes de 1496, 1517... — *Jeanne Tiercelin* nommée en 1521-1562. — *Anne Tiercelin*, 1562 à 1581. — *Marie Morel*, 1581-1585. — *Louise d'Appelvoisin*, 1585 à 1630. — *Claude d'Appelvoisin*, 1630 à 1663. — *Françoise-Marie de Saint-Offange*, 1663 à 1675. — *Anne Turpin de Crissé*, 1675 à 1692. — *Françoise Tuffin de la Royrie*, 1692 à 1705. — *Anne Tuffin de la Royrie*, 1705, résigna son prieuré en 1727, et mourut en 1731, qualifiée *ancienne prieure*. — *Marie-Anne-Françoise Tuffin de la Royrie*, 1727 à 1735. — *Victoire de Gouffier*, 1735 à 1754. — *Marie-Josephe-Louise de Brécheu*, 1759-1779. — *Louise-Madeleine Fumée d'Alogny*. — *Bénigne-Charlotte de la Haye de Saint-Hilaire*. —

*Guillemette-Eléonore de la Guiche,* 1779 à 1782. — *Elisabeth Cécile Barton de Montbas.* — *Louise-Françoise de Mercy,* 1782-1794.

## II

### Aumoniers des Dames religieuses de la Fougereuse d'après les registres paroissiaux de Saint-Maurice

| | |
|---|---|
| Michel Richard . . . . . . . . . . | 1670 |
| Jean Coeffé . . . . . . . . . . . . | 1692-1699 |
| Jacques Le Monnier, enterré dans l'église de Saint-Maurice, en juillet | 1709 |
| Frère Chrisostome de Saint-François, religieux carme . . . . . . . . . | 1720 |
| Frère Pierre Diaque . . . . . . . . | 1722 |
| Jean, Clair Jamet, sieur de Beausoleil | 1733 |
| Charles Papin. . . . . . . . . . . | 1739-1744 |
| Frère Antoine Saget, religieux Augustin. . . . . . . . . . . . . | 1752 |
| N. Sorin. . . . . . . . . . . . . . | 1763 |
| Jean-Baptiste Majeune, religieux de St-François, prédicateur de Carême | 1768 |
| P. Gabard . . . . . . . . . . . . | 1773-1779 |
| J. M. Rethoré . . . . . . . . . . . | 1780-1784 |
| Chabirand.. . . . . . . . . . . . . | 1784-1792 |

## III

### Les Pensionnaires du Prieuré

Dans l'appendice sur l'instruction à Saint-Maurice (1re partie de cet ouvrage), nous avons eu l'occasion de dire que les Dames religieuses de la Fougereuse, bien que cloitrées, se consacraient à l'éducation des jeunes filles de bonne famille et donnaient gratuitement l'instruction élémentaire aux enfants du peuple. Nous avons relevé sur les actes religieux un certain nombre de noms suivis de la qualification : *pensionnaire au couvent de la Fougereuse*; En voici quelque-uns :

Françoise, Catherine de Turpin, 1670 ; Marie-Anne, Agnès de Bonchamps, 1675 ; Charlotte de Saint-Offange 1688 ; Suzanne, Angélique de Granges, 1689 ; Anonyme Tuffin de la Royrie 1696; Catherine de la Bouère, E. de Laneau, Elisabeth de Lamballais,

Jeanne Guibert, Anne Buget, C. Michon, M. Lemercier, F. Amiot, F. Guéniveau, M. de la Bouère 1696 et 1698 ; Charlotte, Hyacinthe de Bois-David 1706 ; Charlotte de la Brosse 1703 ; Renée-Marie Tuffin 1717 ; Françoise et Louise Ogeron de Ligron 1735 ; cette même année mourait au couvent damoiselle Anne Ogeron, décédée à 83 ans, pensionnaire ; Marie-Françoise Garnier, de la paroisse de Saint-Amand, pensionnaire au couvent, épousait le 5 octobre 1739, Louis Pasquier, licencié en lois, fils du greffier de la baronnie de la Haye ; Thérèse, Madeleine de la Pierre de Montainville, pensionnaire épousait en 1743 Pierre Fontaine, aubergiste et marchand à la Fougereuse. En 1752, meurt au couvent, Damoiselle Marie-Charlotte le Roux de la Renière, âgée de 27 ans, pensionnaire ; en 1754 madame de Gouffier, madame de Géranson, pensionnaires ; en 1759, Marie-Françoise Aymer de la chevallerie ; en 1780, Marguerite de Cotolendy, Jeanne Blouïn ; Charlotte, Agathe de Mazière, Aimée Genay ; en 1792, Marie-Catherine Menoust, pensionnaire se mariait le 25 juin ; Charlotte, Louise de Richeteau s'y trouvait aussi à cette époque,

La noblesse et la bourgeoisie de la contrée sont représentées dans ces noms cités au hasard. Ces jeunes filles remplaçaient souvent aux baptêmes les prieures du monastère qui acceptaient les fonctions de marraines.

La prieure Marie, Françoise de Saint-Offange est marraine le 7 décembre 1670, avec R. P. en Dieu Messire Magdelon, Claude de Saint-Offange, abbé de Saint-Maure-sur-Loire ; Anne de Turpin Crissé, prieure est marraine en 1675 et 1685 ; Marie Tuffin de Carnet, religieuse, marraine 1724 ; Marie-Victoire de Gouffier prieure, marraine 1735 et 1743 ; Marie-Joseph, Louise de Brécheu, prieure, marraine 1755, 1659 ; Louise, Françoise de Mercy, prieure, marraine 1782. 1786, 1790 ; Marie-Adélaïde de Richeteau de la Coinderie, religieuse, marraine 1783 ; Marie Bapst, dite de sainte Adélaïde, religieuse, marraine 1788.

Ces quelques citations suffisent pour prouver les relations cordiales qui existaient entre le prieuré et les familles de Saint-Maurice.

## IV

### Familles notables dont les noms sont cités dans les actes de la paroisse

Les Saint-Offange ; Gaspard de Champaigne, époux de Louise

de Clermond-Gallerande, dont la fille, Madeleine-Françoise, fut baptisée à Saint-Maurice le 16 décembre 1670 ; René Herreau, s[r] de la Simonnière et de Bretignolles, 1688 ; Henry-Charles Turpin comte de Vihers, 1674 ; Marie-Louise de Gilier, dame de Saint-Gervais, 1674 ; Louise de Gilier, femme de Charles de Montaigu, 1675 ; Emmery de Mézieu, 1676 ; Charles Tuffin de la Royrie, 1703 ; Jacques Bizet de Chelneron, 1670 ; Augustin de Lespronière, 1707 ; Louis d'Aubigné, 1709 ; M. des Dorides, 1710 ; de la Bergerie-Texier, 1718 ; René de Granchamp, 1719 ; Alexandre-Charles-Hilaire Piet, chevalier de Beaurepaire, 1723 ; Guy Degrée Poulain, chevalier, des comtes de Bretagne, 1724 ; Armant Charles de la Fontenelle de Vaudoré ; Alexis-Augustin des Herbiers ; Abel Camus de la Beurie ; P. A. du Vergier de la Rochejaquelein ; Degrée Poulain ; Marigny ; Poulain de Bretignolles, 1733 ; Hector de Tirepoil, 1744 ; Philippe-Pierre Luthier de la Richerie ; Charles-Louis Carbonnel ; de la Segrairie ; de Liniers de la Guionnière ; Poisson, 1747 ; André le Roux du Petit-Puy ; Pierre Chabert de la Perchaudière, 1752 ; Marie-Antoinette de Lauzon, marquise de la Galissonnière, 1753 ; Madeleine Lioreau, 1762 ; Jean Richard, fabriqueur, 1762 ; Aymer de la Chevallerie, 1763 ; J. Walsh de Serrant ; de la Ferrière ; marquis de Choiseul ; Le Clerc de la Ferrière ; de Saint-Hilaire ; de Berly, 1777 ; Gaspard de la Ménardière, 1780 ; Paul-Esprit-Marie de la Coinderie, 1788 ; Gabriel Brunet Brossay, 1797 ; H. Ogeron de Ligron, 1802 ; Charles-Adolphe d'Angély ; Charles Avril, chevalier de Pignerolles ; A. Garnier de la Coussière, 1827 ; Paul-Gabriel d'Andigné de Beauregard ; Adèle Brunet de la Rivière, 1861.

FIN

# TABLE

## LIVRE I

### La Fougereuse à travers les siècles



## LIVRE II

### La Fougereuses et les diverses Administrations



## LIVRE III

### La Propriété à Saint-Maurice



## LIVRE IV

### Le Prieuré de Sainte-Marie-Madeleine de la Fougereuse

PARTHENAY. — IMP. CANTE, PLACE DU DRAPEAU

www.ingramcontent.com/pod-product-compliance
Ingram Content Group UK Ltd.
Pitfield, Milton Keynes, MK11 3LW, UK
UKHW021124220726
13924UKWH00004B/1889

9 782019 923006